Luftfahrschaden-Versicherung

im Frieden und im Krieg

Von

Dr. Karl Luttenberger

Versicherungstechniker

Berlin 1916

J. Guttentag, Verlagsbuchhandlung

G. m. b. H.

Inhalt.

Erster Teil.

Geschichte des Luftfahrwesens und die Haftpflicht-Frage.

1. Abschnitt.

Als im August 1914 der jetzt tobende Weltkrieg ausbrach, befand sich das Luftfahrschaden-Versicherungs-Problem in den ersten Anfängen. Immer aber handelte es sich dabei um zwei grundverschiedene Fragen, die der Luftfahrschaden-Versicherung überhaupt das Gepräge verleihen: einmal um Deckung derjenigen Schäden durch Versicherung, die den Luftfahrern selbst oder deren Flugzeugen zustoßen — und diese Art nennen wir kurz die direkte Luftfahrschaden-Versicherung — und in zweiter Linie um Schäden aller Art, die durch die Luftfahrer oder deren Flugzeuge entstehen — und diese bezeichnen wir mit dem Ausdruck indirekte Luftfahrschaden-Versicherung.

Vor Ausbruch des Krieges stand sowohl die direkte wie indirekte Versicherungsart im Vordergrund des öffentlichen Interesses; es war jedoch nicht zu verkennen, daß die direkte Versicherung das öffentliche Interesse in ungleich höherem Grade in Anspruch nahm, als die indirekte. Nach Ausbruch des Krieges dagegen erlosch das Interesse an der Lösung der direkten Versicherung fast gänzlich, während die indirekte Versicherung gewissermaßen im Eilschritt eingeführt wurde. Die vielen feindlichen Fliegerangriffe im Jahre 1915 auf nicht befestigte deutsche Städte ließen den Ruf nach Deckung derartiger Schäden durch Versicherung nicht mehr ruhen, und so wurde auch die Versicherung der Kriegsschäden im Sommer

1915 von deutschen Feuer- und Unfall-Versicherungs-Gesellschaften eingeführt.

Nachdem die technischen Schwierigkeiten in der Hauptsache gelöst waren, hatte die Luftfahrt eine von Jahr zu Jahr steigende Bedeutung erlangt. Bis zum Jahre 1905 war der Freiballon in Deutschland das einzige für die Fortbewegung von Menschen dienende Luftfahrzeug Im Jahre 1906 führten die Fahrten des Grafen v. Zeppelin mit seinem Luftschiff starren Systems, im Jahre 1909 Versuche mit Flugzeugen in Deutschland zu den ersten praktischen Ergebnissen. Seitdem ist die Entwicklung überraschend schnell vorwärtsgegangen. Am Ende des Jahres 1905 hatte Deutschland 268 Freiballonführer; ihre Zahl war bis Ende 1913 auf nahezu 1000 gestiegen. Das erste Zeugnis für einen deutschen Flugzeugführer wurde am 1. Februar 1910 erteilt; inzwischen wurden bereits annähernd 700 derartige Zeugnisse ausgestellt; auch die Zahl der Luftschiffführer war ständig im Wachsen. Nicht minder rasch schritt die Entwicklung im Luftfahrzeugbau vorwärts. Aus der Werft des Grafen v. Zeppelin am Bodensee sind bis Ende 1913 21, aus den Werkstätten der Parsevalgesellschaft, um nur diese beiden größten Unternehmungen zu nennen, 18 Luftschiffe hervorgegangen. Die Zahl der Flugzeuge zählt nach mehreren Hunderten. Zur Vornahme von Versuchen und zu Uebungszwecken wurden eine Reihe von Flugplätzen angelegt; zur Ermöglichung weiter Fahrten über Land entstanden in allen deutschen Gauen Aufstieg- und Landungsplätze mit Hallen für Luftschiffe und Schuppen für Flugzeuge.

Ueber die Entwicklung der Flugzeugindustrie und des militärischen Flugzeugwesens der zurzeit kriegführenden Staaten wird u. a. gesagt[1]), daß das russische Riesenkampfflugzeug von Sikorsky, das eine Länge von 25 Meter, eine Spannweite von 37 Meter besaß und mit vier Motoren ausgerüstet war, bei seinem ersten Fluge über die deutschen

1) R. Eisenlohr, „Der deutsche Krieg“ (Heft 65 der „Politischen Flugschriften“ von Prof. Dr. Ernst Jäckh).

Linien abgeschossen wurde. Von England, das sich 1914 das Ziel gesetzt hatte, ganz im stillen zur ersten Luftmacht der Welt sich aufzuschwingen, wird mitgeteilt, daß es zu diesem Zwecke nicht weniger als 17 Millionen Mark aufgewendet hat. Trotzdem hat sich gezeigt, daß die deutschen Wasserflugzeuge sich besser bewähren als die englischen, worüber in England allgemeines Erstaunen herrscht. Im Sommer 1915 sollen in den zehn größten englischen Fabriken 16000 Arbeiter beschäftigt gewesen sein, die aber anscheinend nicht hinreichen, um den Bedarf im eigenen Lande zu decken, denn die übrigen Entente-Mächte haben daneben nicht weniger als 5000 Flugzeuge in Amerika bestellt.

Als eine der interessantesten Erscheinungen im Kriegsflugwesen darf die Tatsache angesehen werden, daß sich der Eindecker als nahezu unbrauchbar, jedenfalls als dem Doppeldecker weit unterlegen erwiesen hat. Diese Erfahrung hat sich vor allem bei der französischen Flugzeugindustrie recht wenig angenehm bemerkbar gemacht. Die französische Heeresverwaltung hat sich denn auch, wie bekannt, veranlaßt gesehen, zu gleicher Zeit nicht weniger als 360 der früher so gefeierten französischen Eindecker außer Dienst zu stellen. Tatsächlich ist nur noch der Morane-Eindecker als Beobachtungsflugzeug in Gebrauch. Besonders gefürchtet sind die deutschen Kampfflugzeuge, die sich erst aus den Erfahrungen des Luftkrieges entwickelt haben, während sie beispielsweise in Frankreich schon lange vor dem Kriege eingeführt worden waren. Die systematische Arbeit, die auf diesem Gebiete in früheren Jahren geleistet wurde, zeitigt jetzt ihre besten Früchte. Wie weit es Deutschland darin gebracht hat, zeigt der Brief eines Mitgliedes des englischen Hauptquartiers, der in der „Morning Post“ abgedruckt war und in dem es unter anderem heißt: „Die Deutschen haben allen Grund, auf ihre Fortschritte im Flugwesen stolz zu sein. Die neuen Flugzeuge bedeuten unleugbar eine Gefahr. Sie verdienen zweifellos alle Bewunderung, die ihnen auch von den Franzosen, die doch keine schlechten Flieger sind, gezollt wird.“

Bei der schnellen Entwicklung des Luftverkehrs in allen Kulturländern und dem engen Zusammenschluß aller an der Luftfahrt beteiligten Personen in Vereinen, die zumeist der Fédération Aéronautique Internationale angeschlossen waren, wurde schon früher der Wunsch laut, den an keine Landesgrenzen gebundenen Verkehr durch die Lüfte international zu regeln. Demzufolge traten im Jahre 1910 Vertreter fast sämtlicher europäischen Staaten in Paris zur Herbeiführung einer internationalen Regelung des Luftverkehrs zusammen. Die Verhandlungen führten jedoch zu keinem abschließenden Ergebnis. Dagegen wurde ein deutsch-französisches Abkommen über den Luftverkehr unter dem 26. Juli 1913 abgeschlossen. Dabei wird Vorbedingung für den Abschluß derartiger Abkommen das Vorhandensein eingehender luftverkehrrechtlicher Anordnungen in den einzelnen Vertragsstaaten sein, wie denn auch bereits in sämtlichen Kulturstaaten eine nationale Regelung der Luftfahrt erstrebt und zum Teil schon durchgeführt worden ist. So hat England am 2. Juni 1911 ein Notgesetz und am 14. Februar 1913 ein Zusatzgesetz erlassen, die beide allerdings im wesentlichen nur eine Abwehr der ausländischen Luftfahrzeuge bezwecken. In einem Bundesstaate der Vereinigten Staaten von Amerika sind Luftfahrtgesetze ergangen, die neben Verkehrsanordnungen auch eine Regelung der Haftpflicht enthalten. Frankreich hat in einem Dekret vom 21. November 1911 Anordnungen für den Verkehr mit Luftfahrzeugen getroffen. Oestereich hat durch Ministerialverordnungen aus den Jahren 1912 und 1913 Maßnahmen gegen die Gefährdung der staatlichen und persönlichen Sicherheit durch Luftfahrzeuge getroffen und die gewerbsmäßige Ausübung der Luftschiffahrt an eine Genehmigung gebunden. In den Niederlanden lag Ende 1913 ein Gesetzentwurf über die Regelung des Luftverkehrs der Generalstaaten zur Beschlußfassung vor.

Auch in Deutschland wurde eine einheitliche reichsgesetzliche Regelung des Luftfahrwesens verlangt. Im Herbste des Jahres 1912 sprach sich der in Wien tagende 31. deutsche Juristentag für eine Regelung der Haftpflicht der Luftfahrer aus. Im Herbst 1913 faßte der in Frankfurt a. M. getagte dritte Internationale Kongreß für Luftrecht folgende Beschlüsse[1]: „I. Bezüglich der privatrechtlichen Natur des Luftraumes: 1) Niemand kann sich auf Grund seines Eigentumsrechts der Fahrt eines Luftfahrzeuges über seinen Grundbesitz widersetzen, sofern dies derart geschieht, daß die Fahrt nicht mit nachweisbaren Unzuträglichkeiten für den Grundeigentümer verbunden ist; 2) jeder Mißbrauch des Durchfahrtsrechts verpflichtet den Urheber zum Schadenersatz. II. Bezüglich der Haftpflicht: 1) Der Ersatz des durch ein Luftfahrzeug an Personen oder Sachen auf der Erdoberfläche angerichteten Schadens liegt dem Halter des Luftfahrzeuges ob, unbeschadet des Rechts der verletzten Person, sich an denjenigen zu halten, der nach dem gemeinen Recht für den Schaden verantwortlich ist. 2) Der zum Schadenersatz verpflichtete Halter kann sich an den nach dem gemeinen Recht dafür verantwortlichen Urheber des Schadens halten. 3) Falls der Schaden ganz oder teilweise durch ein Verschulden der verletzten Person entstanden ist, kann das Gericht den Halter ganz oder teilweise von der Haftpflicht befreien. 4) Der Halter kann die Einrede der höheren Gewalt geltend machen. 5) Die Vorschriften über die Haftpflicht gelten nicht, wenn im Augenblick des Unfalls die verletzte Person oder der beschädigte Gegenstand sich im Luftfahrzeug befinden, oder wenn die verletzte Person bei dem Luftfahrzeug beschäftigt war." Die deutsche und österreichische Gruppe sprachen sich im Anschluß hieran dafür aus, daß eine Haftpflicht-Versicherung der Luftfahrzeuge eingerichtet werden möge, und beantragten, der Kongreß möge dem geschäftsführenden Ausschuß den Wunsch unterbreiten, diese Frage für die nächste Kongreßsitzung zu bearbeiten. Der Kongreß beschloß demgemäß.

Im Februar 1913 wurde bei der Etatsberatung im deutschen Reichstag neben der Regelung des Luftverkehrs eine

---

1) Deutsche Versicherungs-Zeitung, 1913, No. 73, vom 2. Oktober.

Verschärfung der Haftpflicht gefordert. Es war zuzugeben, daß die Ausdehnung der Gesetzgebung des Reiches auf die Regelung des Luftverkehrs im Interesse der durch die Luftfahrt bedrohten Allgemeinheit, im Interesse des mit neuartigen Gefahren verbundenen Luftverkehrs und nicht zuletzt im Interesse der Landessicherheit dringend erforderlich erschien. Der Weg für eine solche Regelung war gegeben; zur Verhütung von Schädigungen bedurfte es der Schaffung von Verkehrsvorschriften, zur Regelung bei eingetretenen Schäden neuer zivilrechtlicher Haftpflichtbestimmungen. Im Verlauf der ersten Beratung des Luftverkehrsgesetzes bemerkte der Referent, Direktor im Reichsamt des Innern Dr. Lewald über die Haftpflicht u. a. folgendes: „Ich glaube, daß diejenigen, die eine weitergehende Haftpflicht fordern, die Frage etwas überschätzen. Auf dem größten Flugplatz in Johannistal, wo im Jahre 1913 an 336 Tagen geflogen und 327 000 Kilometer zurückgelegt wurden, sind Unfälle nur in einem Prozentsatz von etwa 0,3 Prozent vorgekommen. Fast jede Partei bemängelt die zu eng gezogene vorgemerkte Haftpflichtgrenze."

Die grundsätzliche Regelung des Luftverkehrs sowohl, wie die der Haftpflicht, wird sich jedoch nicht auf sämtliche Luftfahrzeuge zu erstrecken haben, vielmehr wird das unterscheidende Merkmal für die Abgrenzung darin bestehen, daß nur die zur Aufnahme von Menschen bestimmten Luftfahrzeuge, zu denen Luftschiffe, Freiballons und Flugzeuge gehören, der allgemeinen Regelung unterworfen sind.

2. Abschnitt.

In Anbetracht all dieser dringenden Forderungen ging Ende Januar 1914 vom Bundesrat dem deutschen Reichstag der Entwurf eines Luftverkehrsgesetzes zu, der infolge des im August 1914 ausgebrochenen Krieges jedoch nicht endgültig als Gesetz verabschiedet werden konnte. Der Entwurf zerfällt in zwei Teile, in Verkehrsvorschriften und in Haftpflichtbestimmungen. Da anzunehmen ist, daß der

Entwurf nach dem Kriege in mehr oder weniger abgeänderter Form Gesetz wird, so geben wir hier in erster Reihe die Haftpflichtbestimmungen in großen Zügen wieder.

Den Eckstein aller Maßnahmen zur Sicherung der Allgemeinheit bildet die Bestimmung, daß Luftfahrzeuge, die außerhalb der Flugplätze mit Menschen sich in der Luft bewegen, hierzu der behördlichen Erlaubnis, niedergelegt in einem Zulassungsschein, bedürfen. Bewerber um eine solche Berechtigung unterliegen einer Prüfung.

Die Haftpflicht wird in den §§ 15—27 je einschließlich geordnet. Im allgemeinen ist die Haftung nach dem Vorgang des Kraftfahrzeug-Gesetzes dem Halter des Fahrzeuges auferlegt. Die Vorschriften des Entwurfs bezwecken, die Allgemeinheit vor den ihr aufgedrängten Gefahren des Luftverkehrs zu schützen.

Die Haftpflicht-Paragraphen lauten:

§ 15. Wird bei dem Betrieb eines Luftfahrzeugs, das zur Aufnahme von Menschen bestimmt ist, jemand getötet, oder sein Körper oder seine Gesundheit verletzt, oder eine Sache beschädigt, so ist der Halter des Fahrzeugs verpflichtet, dem Verletzten den Schaden zu ersetzen.

Die Ersatzpflicht ist ausgeschlossen, wenn der Unfall weder durch Verschulden des Fahrzeughalters, oder einer bei dem Betriebe beschäftigten Person, noch durch einen Fehler in der Beschaffenheit des Fahrzeugs, oder durch ein Versagen seiner Verrichtungen verursacht worden ist.

Setzt jemand das Fahrzeug ohne Wissen und Willen des Fahrzeughalters in Betrieb, so ist er an Stelle des Halters zum Ersatze des Schadens verpflichtet.

§ 16. Die Vorschriften des Paragraphen 15 finden keine Anwendung, wenn zur Zeit des Unfalls der Verletzte oder die Sache durch das Fahrzeug befördert wurde, oder der Verletzte bei dem Betriebe des Fahrzeugs tätig war.

§ 17. Hat bei der Entstehung des Schadens ein Verschulden des Verletzten mitgewirkt, so finden die Vorschriften des § 254 des Bürgerlichen Gesetzbuches Anwendung; wird eine

Sache beschädigt, so steht dem eigenen Verschulden des Verletzten das Verschulden dessen gleich, der die tatsächliche Gewalt über sie ausübt.

§ 18. Im Falle der Tötung ist der Schadenersatz durch Ersatz der Kosten einer versuchten Heilung, sowie des Vermögensnachteils zu leisten, den der Getötete dadurch erlitten hat, daß während der Krankheit seine Erwerbsfähigkeit aufgehoben oder gemindert war, oder seine Bedürfnisse sich vermehrt hatten. Der Ersatzpflichtige hat außerdem die Kosten der Beerdigung demjenigen zu ersetzen, der verpflichtet ist, diese Kosten zu tragen.

Stand der Getötete zur Zeit der Verletzung zu einem Dritten in einem Verhältnis, vermöge dessen er diesem gegenüber kraft Gesetzes unterhaltungspflichtig war oder unterhaltungspflichtig werden konnte, und ist dem Dritten infolge der Tötung das Recht auf Unterhaltung entzogen, so hat der Ersatzpflichtige dem Dritten insoweit Schadenersatz zu leisten, als der Getötete während der mutmaßlichen Dauer seines Lebens zur Gewährung des Unterhalts verpflichtet gewesen sein würde. Die Ersatzpflicht tritt auch dann ein, wenn der Dritte zur Zeit der Verletzung erzeugt, aber noch nicht geboren war.

§ 19. Im Falle der Verletzung des Körpers oder der Gesundheit ist der Schadenersatz durch Ersatz der Kosten der Heilung, sowie des Vermögensnachteils zu leisten, den der Verletzte dadurch erleidet, daß infolge der Verletzung zeitweise oder dauernd seine Erwerbsfähigkeit aufgehoben, oder gemindert ist, oder seine Bedürfnisse sich vermehrt haben.

§ 20. Der Ersatzpflichtige haftet,

1) wenn ein Mensch getötet oder verletzt wird, nur zu einem Kapitalbetrage von fünfzigtausend Mark, oder bis zu einem Rentenbetrage von jährlich dreitausend Mark,

2) wenn mehrere durch dasselbe Ereignis getötet oder verletzt werden, unbeschadet der in Nr. 1 bestimmten Grenze nur bis zu einem Kapitalbetrage von insgesamt einhundertfünfzigtausend Mark, oder bis zu einem Rentenbetrage von insgesamt neuntausend Mark,

3) wenn Sachen beschädigt werden, nur bis zum Betrage von zehntausend Mark.

Uebersteigen die Entschädigungen, die mehreren auf Grund desselben Ereignisses nach Abs. 1 Nr. 1, 3 zu leisten sind, insgesamt die in Nr. 2, 3 bezeichneten Höchstbeträge, so verringern sich die einzelnen Entschädigungen in dem Verhältnis, in welchem ihr Gesamtbetrag zu dem Höchstbetrage steht.

§ 21. Der Schadenersatz für Aufhebung oder Minderung der Erwerbsfähigkeit oder für Vermehrung der Bedürfnisse des Verletzten, sowie der nach § 18 Abs. 2 einem Unterhaltsberechtigten zu gewährende Schadenersatz ist für die Zukunft durch eine Geldrente zu leisten.

Die Vorschriften des § 843 Abs. 2—4 des Bürgerlichen Gesetzbuches und des § 708 Nr. 6 der Zivilprozeßordnung sind entsprechend anzuwenden, ebenso bei der Geldrente des Verletzten die Vorschrift des § 850 Abs. 3 und bei der des Unterhalts berechtigten die Vorschrift des § 850 Abs. 1 Nr. 2 der Zivilprozeßordnung.

Ist bei der Verurteilung des Verpflichteten zur Entrichtung einer Geldrente nicht auf Sicherheitsleistung erkannt worden, so kann der Berechtigte sie gleichwohl verlangen, wenn sich die Vermögensverhältnisse des Verpflichteten erheblich verschlechtert haben; unter der gleichen Voraussetzung kann er eine Erhöhung der in dem Urteil bestimmten Sicherheit verlangen.

§ 22. Die Ansprüche auf Schadenersatz nach den §§ 15 bis 21 verjähren in zwei Jahren, nachdem der Ersatzberechtigte von dem Schaden und der Person des Ersatzpflichtigen Kenntnis erlangt hat, ohne Rücksicht auf diese Kenntnis in dreißig Jahren von dem Unfall an.

Schweben zwischen dem Ersatzpflichtigen und dem Ersatzberechtigten Verhandlungen über den Schadenersatz, so ist die Verjährung gehemmt, bis der eine oder der andere Teil sich weigert, die Verhandlungen fortzusetzen.

Im übrigen richtet sich die Verjährung nach den Vorschriften des Bürgerlichen Gesetzbuches.

§ 23. Der Ersatzberechtigte verliert die Rechte, die ihm

nach diesem Gesetze zustehen, wenn er nicht spätestens zwei Monate, nachdem er von dem Schaden und der Person des Ersatzpflichtigen Kenntnis erhalten hat, diesem den Unfall anzeigt. Das Recht geht nicht verloren, wenn die Anzeige infolge des Umstandes unterblieben ist, den der Ersatzberechtigte nicht zu vertreten hat, oder wenn der Ersatzpflichtige innerhalb der Frist auf andere Weise von dem Schaden Kenntnis erhalten hat.

§ 24. Wird ein Schaden durch mehrere Luftfahrzeuge der im § 15 bezeichneten Art verursacht, und sind die Fahrzeughalter einem Dritten kraft Gesetzes zum Ersatze des Schadens verpflichtet, so hängt im Verhältnis der Fahrzeughalter zueinander die Verpflichtung zum Ersatze, sowie der Umfang des zu leistenden Ersatzes von den Umständen, insbesondere davon ab, insoweit der Schaden vorwiegend von dem einen oder dem anderen Teile verursacht worden ist. Das Gleiche gilt, wenn der Schaden einem der Fahrzeughalter entstanden ist, von der Haftpflicht, die für einen anderen von ihnen eintritt.

Die Vorschriften des Abs. 1 sind entsprechend anzuwenden, wenn neben dem Fahrzeughalter ein anderer für den Schaden verantwortlich ist.

§ 25. In den Fällen des § 15 Abs. 1 ist auch der Führer des Luftfahrzeugs zum Ersatze des Schadens nach den §§ 16 bis 23 verpflichtet. Die Ersatzpflicht ist ausgeschlossen, wenn der Schaden nicht durch ein Verschulden des Führers verursacht ist.

Ist neben dem Führer ein anderer zum Ersatze des Schadens verpflichtet, so sind die Vorschriften des § 24 Abs. 1 entsprechend anzuwenden.

§ 26. Unberührt bleiben die reichsgesetzlichen Vorschriften, nach denen der Halter oder Führer eines Luftfahrzeugs in weiterem Umfang als nach diesem Gesetze für den bei dem Betrieb entstehenden Schadens haftet, oder nach denen ein anderer für den Schaden verantwortlich ist.

§ 27. Für Klagen, die auf Grund dieses Abschnitts erhoben werden, ist auch das Gericht zuständig, in dessen Bezirke der Unfall eingetreten ist.

In der amtlichen Begründung der Haftpflichtbestimmungen wurde unter anderem ausgeführt, daß, wenn auch durch die vorgesehenen strengen Vorschriften die der Allgemeinheit durch die Luftfahrt drohenden Gefahren auf ein möglichst geringes Maß zurückgeführt werden, doch anderseits für die Regelung der Haftpflicht eine Form zu wählen sei, die der weiteren im Interesse der Allgemeinheit und der Wehrhaftmachung Deutschlands liegenden Entwicklung der Luftfahrt nicht hinderlich sei. Es ist klar, daß die Regelung der Haftpflicht sich in den Bahnen der Betriebs- oder Gefährdehaftung zu bewegen hat. Jedoch wäre es unbillig, die Grundsätze der bestehenden Haftpflichtgesetze unverändert auf den Luftverkehr zu übertragen. Die Formen und Bedingungen des Betriebs eines Luftfahrzeugs sind von denen einer Eisenbahn oder eines Kraftfahrzeugs so verschieden, daß die formelle Gleichstellung mit dem Eisenbahnunternehmer oder dem Kraftfahrzeughalter den Halter eines Luftfahrzeugs tatsächlich weit schärfer heranziehen und ihn wirtschaftlich ungleich stärker belasten würde. Nach dem Gesetze vom 7. Juni 1871 haftet der Eisenbahnunternehmer für einen Unfall nicht, der durch höhere Gewalt verursacht worden ist. Als höhere Gewalt sind die von außen einwirkenden, also nicht in der gefährdenden Natur des Unternehmens liegenden Ereignisse zu verstehen, die nach menschlicher Einsicht nicht vorauszusehen sind und durch menschliche Kraft und Sorgfalt nicht abgewendet werden können. Der Kreis dieser Ereignisse ist für den Luftfahrer ein weit engerer als für den Eisenbahnunternehmer. Ein Naturereignis, wie ein plötzlich einsetzender Sturm, der im Betriebe der Eisenbahnen entweder unschädlich, oder als höhere Gewalt angesehen wird, würde bei dem Betrieb eines Luftfahrzeugs kaum noch als höhere Gewalt betrachtet werden können, da bei der Luftfahrt mit solchen Ereignissen gerechnet werden muß. Der Halter eines Luftfahrzeugs würde bei dieser Regelung letzten Endes bei nahezu allen durch Naturereignisse verursachten Fällen zu haften haben. Kaum anders würde die Ausdehnung des die Haftpflicht der Kraftfahrzeuge beherrschenden Grundsatzes wirken. Der Begriff des unabwendbaren äußeren, d. h. vom Betrieb unabhängigen Ereignisses, durch dessen Nachweis sich der Halter eines Kraftfahrzeugs entlasten kann, wird bei Luftfahrzeugen kaum jemals zutreffen, da die Witterungseinflüsse gerade zu den eigentümlichen Gefahren des Luftbetriebs gehören. Beide Regelungen würden also dem Luftfahrzeughalter ihrem Wortlaut nach einen Entlastungsgrund geben, der praktisch fast niemals zuträfe, mit anderen Worten, der Halter würde außer bei eigenem Verschulden des Verletzten immer haften. Zu einer solchen Verschärfung der Haftung besteht keine Veranlassung.

Zweiter Teil.

Die ersten neuzeitlichen, bis Ende 1913 reichenden Versicherungs-Versuche.

1. Abschnitt.

Luftsport-Versicherung.

Es liegt in der Natur des an und für sich sehr gefährdeten Luftfahrwesens, daß mit dessen Aufkommen auch gleichzeitig das Verlangen nach Versicherungsdeckung von Schäden aller Art auftauchte. Anfänglich wurde in Luftfahrkreisen die Uebernahme der Risiken durch die eigenen Sportskreise, Vereine, Verbände ins Auge gefaßt. Alsbald aber überzeugte man sich, daß dieser Weg nicht zum Ziele führen könne. Die Interessenten wandten sich daher an die breite Oeffentlichkeit, wie auch an maßgebende amtliche Stellen, um ihren Wünschen Gehör zu verschaffen. Bereits im Jahre 1910 wurde in der deutschen Tages- und Sportspresse dagegen geschrieben, daß sich weder das private noch das öffentlich-rechtliche Versicherungswesen um die Luftfahrschaden-Versicherung kümmere.

Eine vielgelesene Berliner Tageszeitung [1]) behandelte als

1) Berliner Zeitung am Mittag vom 19. Juli 1910.

eine der ersten Zeitungen die Frage in ihrem Sportsteil, wie folgt:

Luftschiffahrt und Versicherung. Eine Rundfrage bei den Versicherungsgesellschaften.

Die Katastrophe des Lenkballons „Erbslöh", der zahlreiche Todesstürze bekannter Aviatiker vorangingen, gehört wohl zu den fürchterlichsten Kunden unserer an Hiobsposten so überreichen Zeit. Deshalb ist die Frage, ob den kühnen Piloten Gelegenheit geboten wird, durch entsprechende Versicherungen für eventuelle Invalidität Vorsorge zu treffen, oder die eigene Familie in Todesfällen materiell zu sichern, von nicht zu unterschätzender Bedeutung. Nicht alle Anhänger des Flugsports, der trotz seiner eminenten Gefahren täglich neue Freunde gewinnt, verfügen über das genügende Vermögen, um gegen alle eintretenden Eventualitäten geschützt zu sein. Man müßte daher annehmen, daß gerade dieses Gebiet geeignet sei, den Versicherungsgesellschaften Gelegenheit zum praktischen, wirksamen Eingreifen zu bieten. Tatsächlich stehen aber, wie unsere zur Erklärung dieses Punktes eingeleitete Rundfrage ergab, die meisten Versicherungsgesellschaften dieser neuen Frage noch ziemlich unsicher gegenüber. Ihre momentane Stellungnahme verrät noch durchaus keinen einheitlichen Standpunkt. Die Ansichten der einzelnen Fachleute auf diesem Gebiete widersprechen sich sogar oft direkt. Die meisten großen Gesellschaften lehnen es vorderhand grundsätzlich ab, Ballonführer oder Aviatiker zu versichern.

Ihr Standpunkt ließe sich zusammenfassend etwa folgendermaßen präzisieren: „Solange keine genügenden Erfahrungen auf diesem Gebiete vorliegen, ist es überhaupt unmöglich, einigermaßen vernünftige Prämiensätze der Versicherung zugrunde zu legen. Wann das zu den einschlägigen Berechnungen notwendige Material vorliegen wird, ist noch nicht abzusehen. Wie schwierig die Konstruierung der Tabellen ohne entsprechende Erfahrungen ist, geht daraus hervor, daß die allgemeine Unfallversicherung 20 Jahre bestand, ehe man sich darüber klar wurde, daß man infolge zu niedrig bemessener Prämien bisher allgemein mit Unterbilanz gearbeitet hatte.

Trotzdem bedeutet die Aviatik für alle Versicherungsgesellschaften eine große Gefahr, da die neuen gesetzlichen Bestimmungen eine sogenannte Unanfechtbarkeit der Policen vorsehen. Es steht mithin allen denen, die bereits eine Lebensversicherung besitzen, deren Karenzfrist abgelaufen ist, frei, den Beruf eines Aviatikers zu ergreifen, ohne der Nutznießung der Versicherung verlustig zu gehen. Vorausgesetzt ist natürlich, daß ihnen dieser Schritt nicht durch eine Spezialklausel des Vertrages untersagt wurde. Wer aber dachte vor 2—3 Jahren daran, eine derartige Ausnahmebestimmung einzufügen? Vorläufig ziehen es aber diese Gesellschaften, die infolge günstigen Geschäftsganges es nicht für notwendig erachten, sich auf Experimente einzulassen, vor, anderen Betrieben die praktischen Versuche zu überlassen, und trachten auf diese Weise das mit derartigen Versicherungen untrennbar verbundene Risiko von sich abzuwälzen."

Aber auch jene Häuser, die Versicherungen von Ballonführern und Fliegern prinzipiell nicht ablehnend gegenüberstehen, gehen in ihren Anschauungen derart auseinander, daß sich in ihren Ausführungen keinerlei gemeinsame Momente entdecken lassen. Die einen beschränken sich lediglich auf Ballonführer, ohne bei der Versicherung auf die Konstruktion des Ballons Rücksicht zu nehmen, während andere für Freiballon-, Lenkballon- und Aeroplanführer dreierlei Tarife besitzen. Einzelne lehnen Unfallversicherungen ab, während sie Lebensversicherungen abschließen, andere operieren wieder umgekehrt. Beide aber motivieren ihre Handlungsweise mit fast parallelen Argumenten. Darin sind sich aber alle einig, daß die vorhandenen Prämiensätze nur vorübergehende Geltung haben und durch die jüngst eingetretenen Katastrophen eine nicht unwesentliche Steigerung erfahren dürften.

Wir geben hier einige bemerkenswerte Ausführungen einiger Gesellschaften oder deren Vertreter wieder. So erklärte Anfangs Juli 1910 der Allgemeine Deutsche Versicherungsverein Stuttgart: „Wir haben vor einer Reihe von Jahren auf Veranlassung des Berliner Vereins für

Luftschiffahrt eine Ballon- und Luftschiffahrtsversicherung eingeführt, ohne bisher auf den Aeroplansport Rücksicht genommen zu haben. Die bisherigen Resultate waren recht wenig befriedigend, wie denn auch die Versicherung von Automobilisten keine günstigen Ergebnisse zeitigte. Trotzdem haben wir aber schon recht ansehnliche Beträge ausbezahlt, so z. B. an die Hinterbliebenen der beiden in Dalmatien verunglückten Luftschiffer, die sich mit je 10000 Mark eingekauft hatten. Unsere Prämien betragen,

für nicht-lenkbare Fahrzeuge (Ballons):

		einzelne Fahrt	Jahresversicherung
pro 1000 Mark	Tod	0,40 Mark	1,50 Mark
„ „ „	Invalidität	0,60 „	2,50 „
„ 1 „	tägliche Entschädigung .	1,50 „	6,00 „

für lenkbare Luftschiffe:

		einzelne Fahrt	Jahresversicherung
pro 1000 Mark	Tod	0,30 Mark	1,20 Mark
„ „ „	Invalidität	0,50 „	2,00 „
„ 1 „	tägliche Entschädigung .	1,20 „	4,80 „

Probefahrten erfordern das $2^1/_2$-fache, öffentliche Wettfahrten das 5-fache dieser Sätze. Die höchstzulässige Versicherungssumme ist 100000 M. Auch wir betrachten das Ganze nur als einen Versuch, dem wir aber von Haus aus keine Gewinnchancen zuschreiben. Trotzdem werden wir kaum in die Lage kommen, uns mit Aeroplanflügen zu beschäftigen, die gegenwärtig — von unserem Standpunkt aus betrachtet — nichts anderes als höher zu qualifizierende Selbstmorde sind."

Die Mecklenburgische Versicherungs-Gesellschaft zeigte auf die Anfrage sofort folgenden Tarif: „Wir versichern alle Berufsklassen, mithin auch Ballonführer und Aviatiker. Nur erfordert natürlich die große Lebensgefahr einen Zuschlag, der prozentuell steigt. Trotzdem sind unsere Sätze sehr niedrig bemessen. Es erlegen Lenkballonfahrer einen Zuschlag von $2^1/_2$ pro Mille, Freiballonfahrer von $7^1/_2$ pro Mille, Flieger von 10 pro Mille der versicherten Summe (also bei 100000 M. z. B. 250 M., 750 M. oder 1000 M.). Ob aber dieser Tarif nach den neuen Katastrophen aufrechterhalten wird, erscheint uns sehr fraglich."

Der Berliner Agent der englischen Lloyds äußerte sich folgendermaßen: „Die Lloyds haben längst aufgehört, jene unsicheren Geschäfte zu machen, durch die sie früher weltberühmt waren. Wenn nicht irgendein patriotischer Zweck dahintersteht, sind sie nur mehr schwer zu bewegen, sich auf ungewisse Experimente einzulassen. Fliegerversicherungen dürften daher nur schwer — und auch dann nur von Fall zu Fall — durchzuführen sein."

Auch gab die Automobil- und Flugtechnische Gesellschaft bekannt, daß es ihr gelungen sei, mit einer Gesellschaft (der Schweizerischen Unfall-Versicherung-A.-G. in Winterthur) einen Vertrag abzuschließen, der Fliegerversicherungen gewährleistet. Die Prämien sind aber meist allzu hoch. Sie betragen ca. 300 M. von 10000 M. Und auch hier scheint es sich mehr um einen Versuch zu handeln.

Die „Kölnische Unfall-Versicherung A.-G.", die in industriellen und kaufmännischen Kreisen bekannt ist, hatte sich schon Mitte 1908 entschlossen, den Teilnehmern von Luftfahrten Unfallversicherungsschutz zu gewähren. Die Versicherung begann mit dem Betreten des Ballonkorbes oder der Gondel des Luftschiffes und hörte auf, sobald der Versicherte diese verlassen hatte [1]). Ebenso hatte auch der „Nordstern", Unfall- und Alters-Versicherungs-A.-G., schon im Jahre 1907 diesen Versicherungszweig in größerem Umfange betrieben. Eine große Zahl namhafter Luftschiffer waren damals bei ihm gegen Unfallgefahren der Luftschiffahrt versichert; unter anderen hatte auch der Graf Zeppelin und die Motorluftschiff-Studien-Gesellschaft in Berlin die ganze Bemannung ihrer Luftschiffe beim Nordstern gegen Unfall gedeckt [2]).

Die „Nürnberger Lebensversicherungs-Bank [3]) gewährte in 1911 bei je einmaliger Fahrt gegen eine Prämie

1) Illustr. Aeronaut. Mitteilungen. Deutsche Zeitschrift für Luftschiffahrt 1908, S. 515.

2) Desgl. S. 543.

3) Deutsche Luftfahrer-Zeitschrift 1912, S. 613.

von 15 M., die erst auf dem Füllplatz bezahlt zu werden brauchte, 15 M. Taggelder, 15000 M. für Invalidität oder Tod. Für 65 M. einschließlich Stempel konnte man sich für ein ganzes Jahr bei denselben Entschädigungen gegen alle Unfälle sichern, von denen der Versicherte „bei Fahrten mittels Freiballons und gelegentlichen Fahrten mittels Lenkballons" betroffen wurde. In die Versicherung waren auch Unfälle eingeschlossen, die sich beim Fertigmachen des Ballons, sowie nach erfolgter Landung beim Verpacken des Ballons und dessen Transport bis zur Bahnstation ereigneten.

Die deutschen Ballonfahrer hatten, „weil ja doch nie etwas passiert" (!), von dieser günstigen Gelegenheit so wenig Gebrauch gemacht, daß die Gesellschaft aus diesem Grunde diesen Spezialzweig wieder aufgab.

In Versicherungskreisen wurde die Luftfahrschaden-Versicherung bis dahin als eine reine Sportsversicherung betrachtet, die ganz besonders gefährdete Objekte zu decken hat, und die darum zu den sogenannten „notleidenden Risiken" zählen. Im allgemeinen richtete sich das Verlangen zur Hauptsache nach Deckung der persönlichen Unfälle der Aviatiker bei Ausübung ihres Sportes, ferner nach Deckung von Schadenersatzansprüchen (Haftpflichtversicherung), die gegen die Führer der Luftfahrzeuge bei unglücklicher Abfahrt oder Landung erhoben wurden, und endlich nach Versicherung der Flugfahrzeuge selbst gegen Explosions- und Feuerschaden (Feuerversicherung). In erster Linie kamen die Unfall- und Haftpflichtversicherungs-Gesellschaften als Interessenten für die neue Versicherungsart in Betracht. Im Feuer- und Lebensversicherungsgeschäft halten sich die Interessenten der Versicherungsnehmer und -geber ihrem inneren Wesen nach ungefähr die Wage, während bei der Luftsportversicherung das Interesse der Versicherungsnehmer dasjenige der Versicherungsgeber ziemlich übertrifft, d. h. die Gefahren des Luftsports sind, vom versicherungstechnischen Standpunkt aus betrachtet, so groß, daß sich, solange jene nicht durch verbesserte Technik der Fahrzeuge und äußerst gewandte Lenker ganz erheblich vermindert werden, das Verlangen der Versicherungsgesellschaften nach Luftsportrisiken nur ein ganz geringes bleiben wird. Daß unter diesen Umständen die Beurteilung und Bewertung der Luftsportrisiken eine außerordentlich verschiedene, und daß es z. B. möglich war, daß eine Versicherungsgesellschaft für das Meeting bei Schauflügen eine Prämie von ca. 1500 M., eine andere nur den zehnten Teil verlangte, und eine dritte die Versicherung überhaupt ablehnte, wird den Versicherungsfachmann nicht wundernehmen. In Sportkreisen konnte man diese Stellungnahme nicht begreifen. Gehen wir aber den Beweggründen näher nach, so glauben wir, daß es sich bei Deckung von Luftsportrisiken in den meisten Fällen bis dahin um Gefälligkeitsversicherungen handelte.

Die Luftsportversicherung schwebte Mitte 1910 noch tatsächlich zwischen Himmel und Erde. Von Winden des Zufalls und lotterieähnlicher Versuche hin und her geworfen, fehlte ein fester Anker, der ihr eine gewisse Stabilität hätte verleihen können. Dem Luftsport fehlte vor allem eins, das für alle Versicherungszweige zu den ersten Hauptforderungen zählt, nämlich eine über der gesamten Bevölkerung anhaltend schwebende Gefahr. Dem Schaden durch Feuer, Tod, Krankheit, Unfall, Haftpflicht, Diebstahl usw. ist jedermann ausgesetzt, und jeder hat Interesse an der Versicherungsnahme. Die Gefahren des Luftsports aber bedrohten damals nur einen ganz geringen Teil der Bevölkerung, so daß die Deckungsnachfrage verhältnismäßig gering war.

Anfangs 1911 stand infolge der teils erheblichen Landungsschäden, die die Luftschiffe bei ihrer unfreiwilligen Landung zuweilen verursachten, die Frage einer sogenannten „Flurschaden-Haftpflicht-Versicherung“ zur öffentlichen Diskussion. In dem vom Landwirtschaftlichen Kreisverein zu Leipzig beim sächsischen Ministerium des Innern eingereichten Bericht über das Jahr 1910 wurde u. a. darauf hingewiesen, daß bei den immer häufiger werdenden Landungen von Luftschiffen große Schädigungen für die Feldbesitzer durch die von der herbeiströmenden Menschenmenge angerichteten Flurschäden entstehen. Da nun die Versicherungsgesellschaften, bei denen die Eigentümer der Luftschiffe gegen Haftpflicht versichert sind, nur die durch die Landung unmittelbar verursachten Beschädigungen als ersatzpflichtig anerkennen, sich aber natürlich weigern, für mittelbar entstehende Schäden, wie obige, aufzukommen, so verlangt man zu erwägen, auf welche Weise eine völlige Schadloshaltung der betroffenen Feldbesitzer zu erreichen sei[1]).

Von versicherungstechnischer Seite wurde vorgeschlagen, jene mittelbaren, durch Luftfahrzeuge angerichteten Flurschäden den Hagelversicherungen in Deckung zu geben, sei es gegen eine Zuschlagprämie, sei es durch besondere Policen. Allein, es wurde mit Recht befürchtet, daß die Hagelversicherungen, die ohnehin mit den Unbilden ihres Geschäftes sehr zu kämpfen haben, sich mit der Flurschadenversicherung — schon mangels einer hinreichenden Gefahrenstatistik, die zur Grundlage der Prämienbemessung dienen könnte — nicht zu befassen wünschen. Mit Recht wurde allerdings betont, daß derjenige Versicherungszweig, der durch seine übrigen Geschäfte unmittelbare Fühlung mit der Landwirtschaft besitze, durch die verhältnismäßig niedrigen Akquisiteur- und Agentenunkosten am meisten Aussicht auf Erfolg hätte und auch in der Lage wäre, mit niederen Prämiensätzen auszukommen.

Außer der Hagelversicherung wurde auch die Feuerversicherung genannt, der eine Flurschäden-Haftpflicht-Versicherung angegliedert werden könnte. Die Feuerversicherungen verfügen auf dem Lande bekanntlich über alterprobte Versicherungskräfte, die meist mehr oder weniger unmittelbare Fühlung mit der Landwirtschaft besitzen und einen ganz erheblichen Erfahrungsschatz über landwirtschaftliche Dinge, insbesondere aber einen solchen über die Wertbemessung der zu versichernden Flurrisiken, mit ins Geschäft bringen. Und dieser Vorteil sprach auch offensichtlich für die Angliederung. Gewöhnlich werden von sorgfältig wirtschaftenden Bauern die Erträgnisse ihrer Felder meist in unveränderlichen Pauschal-

1) Oesterr. Vers.-Ztg., Ende 1910.

summen gegen Feuerschäden versichert und damit von vornherein der Ertrag ihrer Fluren festgestellt. An solche Taxationen könnte sich die Flurschaden-Haftpflichtversicherung unmittelbar anschließen. Bei reichen Ernten kommen auch Nachtragsversicherungen vor, und auch diesen könnte die Flurversicherung gerecht werden. Dieser Gedanke wurde aber ebensowenig, wie die Angliederung an die Hagelversicherung durchgeführt. Ohne zwingende Gründe konnte sich weder der eine noch der andere Versicherungszweig entschließen, sich der Luftfahrtversicherung anzunehmen.

Bei den zunehmenden unfreiwilligen Landungen der Luftschiffer und den vielen Unglücksfällen, die bei Schauflügen und dergl. sich ereigneten, trat im Laufe der Zeit jedoch mehr und mehr die Deckung der Haftpflicht-Schäden im allgemeinen durch Versicherung in den Vordergrund des Interesses. Diesem Verlangen stand jedoch entgegen, daß die zum Teil ganz eigenartig liegende Haftpflicht der Luftschiffer durch die bestehenden Gesetze nur einseitig und mangelhaft erfaßt wurde, und ein neues Spezialgesetz hierüber noch nicht bestand. Es ergingen aus diesem Grunde in den Jahren 1910—1912 verschiedene Gerichtsurteile, deren Standpunkt von der Oeffentlichkeit oft nicht geteilt wurde. Denn Ersatz konnte nach dem Bürgerlichen Gesetzbuch nur dann gefordert werden, wenn der Täter „vorsätzlich oder fahrlässig das Leben, den Körper, die Gesundheit, das Eigentum oder ein sonstiges Recht widerrechtlich verletzt hatte“.

Von den ergangenen höchstinstanzlichen Gerichtsurteilen seien, als wichtigste, nachstehende erwähnt.

Der Beklagte, Graf Z., wollte im August 1903 vormittags sein Luftschiff von Mainz nach Friedrichshafen zurückkehren lassen[1]. Wegen eines Motordefekts unternahm er auf dem Felde bei Echterdingen (10 km von Stuttgart) eine Notlandung. Da Tausende von Menschen zusammenströmten, wurde der Landungsplatz militärisch und zum Teil durch Seile abgesperrt. Das Luftschiff wurde an der abwärts gesenkten Spitze

1) Deutsche Juristen-Zeitung 1912, S. 514.

verankert, während das Heck in der Schwebe blieb, so daß das Fahrzeug von selbst in die Richtung seitlicher Winde einschwenken konnte. Vorn an den Ankertauen und an der vorderen Gondel standen 30 Mann, die über die Handhabung bei Seitwärtsbewegungen des Fahrzeuges unterwiesen waren. Nachmittags gegen 3 Uhr setzte eine Gewitterbö ein, riß das verankerte Luftschiff los und trieb es etwa 1200 m fort, bis es verbrannte. Bei diesem Abtriebe wurde der in der letzten Reihe der Zuschauer unweit der vorderen Gondel stehende Kläger vom Kettenanker erfaßt und mitgerissen. Ihm mußte infolge der erlittenen Verletzungen das Bein abgenommen werden.

Der Verletzte klagte auf Schadenersatz; seine Klage aber wurde in den Vorinstanzen abgewiesen. Auch das Reichsgericht wies die Revision zurück: In Ermangelung eines für die Haftung aus Gefahren der Luftschiffahrt bestehenden Spezialgesetzes hafte Beklagter nur bei nachgewiesenem Verschulden (§ 823 BGB.). Abzulehnen sei der Gedanke, daß schon der bloße Betrieb eines gefährlichen Unternehmens ein Verschulden darstelle. Vor dem Haftpflichtgesetz habe man den Eisenbahnen gegenüber versucht, eine solche Auffassung zu vertreten, sie sei aber als rechtlich unhaltbar verworfen. Man könne nur sagen, daß der Unternehmer wegen der besonderen Gefährlichkeit zu besonders großer Vorsicht verpflichtet sei, wozu auch das Fehlen allgemeiner Erfahrungen bei Landungen, frühere Unfälle ausländischer Luftschiffe bei solchen und die Warnungen der Gegner des starren Systems Anlaß geben mußten. Es sei nun aber mit Recht angenommen, daß diese Sorgfaltspflicht nicht verletzt sei. Es sei nicht schuldhaft, daß die Fernfahrt überhaupt unternommen sei, da dieselbe bei außerordentlich günstiger Wetterlage und mit einer erprobten Bedienungsmannschaft angetreten sei. Nach seinen bisherigen Erfahrungen (die er nicht für unzureichend gehalten) sei Beklagter, wie das Berufungsgericht feststelle, nicht im Zweifel gewesen, daß er sein Luftschiff auch bei ungünstigem Wetter sturmsicher verankern könne. Unter diesen Umständen habe er die Fahrt unternehmen dürfen. Man könne nicht fordern, daß der Beklagte dieselbe nur dann habe unternehmen dürfen, wenn er volle Gewißheit über einen gefährlichen Ausgang haben konnte. Der unvermeidlichen Gefahr eines derartigen Unternehmens kann selbst bei größter Vorsicht nicht durchweg sicher vorgebeugt werden. Wenn der Beklagte die nach den damaligen Erfahrungen wohl vorbereitete Fahrt in der begründeten Zuversicht unternommen habe, sie werde glatt und glücklich verlaufen, so könne man ihm weder gemeingefährlichen Wagemut, noch sorgfaltverletzenden Leichtsinn vorwerfen. Es wird ferner ausgeführt, daß auch die getroffenen Maßregeln am Landungsplatz sorgfältig getroffen waren und daß der nach jähem Wetterumschlag eingetretene außerordentlich heftige Windstoß, der das Luftschiff mit elementarer Gewalt fortgerissen habe, nach den Wetterverhältnissen zur Zeit der Verankerung nicht vorhersehbar und daher als Ereignis höherer Gewalt anzusehen sei. (Urt. VI. 86/11 vom 11. Jan. 1912.)

Ein weiterer Fall ist folgender. Ein Arbeiter, Vater von sechs unmündigen Kindern, geht über die Landstraße. Plötzlich taucht in der Ferne in großer Höhe ein Flugapparat auf. In der Nähe des Arbeiters angekommen, senkt er sich stark seitlich, stürzt auf den Mann und verletzt ihn tödlich. Der Flieger kommt mit einigen geringen Hautabschürfungen davon. Die Hinterbliebenen des Arbeiters verlangen von dem Flieger Schadenersatz; dieser weigert sich zu zahlen. Die darauf von den Hinterbliebenen erhobene Klage wird in sämtlichen Instanzen abgewiesen[1]. In den Urteilsgründen heißt es:

Es ist festgestellt, daß der Absturz ohne Verschulden des Fliegers erfolgte. Dieser haftet daher nach §§ 823 ff. BGB., die ein Verschulden voraussetzen, nicht. Eine gesetzliche Bestimmung, die eine Haftung des Fliegers ohne Verschulden anordnete, besteht für den vorliegenden Fall nicht. Sie käme nur dann in Frage, wenn der Arbeiter auf seinem eigenen Grund und Boden verletzt worden wäre, denn in diesem Falle wäre der vom Reichsgericht in ständiger Rechtsprechung aufgestellte Rechtssatz (Staudinger 1912, § 906 4, 2f. d. Entschei-

---

1) Deutsche Versicherungs-Zeitung 1912 v. 6. November, No. 73.

dungen des Reichsgerichts, Band 58 S. 130; Kipp: in der Juristischen Wochenschrift 1908, S. 643 ff.) anwendbar, daß dem Eigentümer, dem durch Sonderbestimmung sein Eigentum beschränkt wird, derjenige Schaden zu ersetzen sei, der durch die beschränkende Einwirkung entsteht. Die Beschränkung, die der Eigentümer sich gefallen lassen muß, ist das Ueberfliegen seines Grundstücks in großer Höhe. An der Ausschließung dieser Einwirkung hat der Eigentümer kein hinreichendes Interesse, denn der Umstand, daß der Flieger abstürzen und sein Grundstück beschädigen kann, reicht nicht aus, um ein solches Interesse, das ein Verbot nach § 905 BGB. rechtfertigen könnte, zu begründen. Es ist zwar durchaus möglich, daß der Flieger auf seinem Grundstück abstürzt oder Gegenstände hinabfallen läßt, allein diese Möglichkeit liegt in weiter Ferne, denn es ist unwahrscheinlich, daß gerade über dem Grundstück einer bestimmten Person ein solcher Zufall sich ereignen wird. Um aber ein derartiges Interesse, wie es das Gesetz fordert, zu begründen, muß eine etwas näher liegende Möglichkeit gegeben sein. Der Umstand, daß ein Zufall sich dort ereignen kann, reicht nicht aus. Muß daher der Eigentümer das Ueberfliegen dulden, so hat er anderseits nach dem angegebenen Rechtssatz einen Anspruch auf Ersatz des Schadens, der ihm hierdurch entstanden ist.

Dies ist das Ergebnis des geltenden Rechts. Zu erwähnen ist hierbei nur noch, daß der Ausdehnung des angeführten Rechtssatzes auf das Luftschiffahrtsrecht von anderer Seite (Zitelmann u. a.) widersprochen wird; nach der letzteren Ansicht hätte daher auch der Eigentümer keinen Anspruch auf Schadenersatz bei unverschuldet eingetretenen Flugunfällen. Dem Rechtsbewußtsein des Laien widerstrebt zunächst die für ihn künstliche Unterscheidung zwischen dem Grundeigentümer und dem sonstigen Passanten. Er dürfte kaum einsehen, warum der Grundeigentümer Schadenersatz erhalten soll, der gewöhnliche Passant aber nicht. Seinem Rechtsbewußtsein widerstrebt es aber insbesondere, daß der Passant keinen Anspruch auf Schadenersatz haben soll. Es liegt auch in der Tat viel näher, den Flieger, der sich der Gefährlichkeit seines Unternehmens bewußt ist, der mit seinem Flugapparat eine „gemeine Gefahr“ bildet, haften zu lassen, als den ganzen wirtschaftlichen Schaden dem Betroffenen aufzubürden, der von einer solchen Katastrophe nichts ahnen und sich infolgedessen nicht danach einrichten konnte. Dem Flieger hingegen, der mit solchen Unfällen rechnen muß, ist es vielmehr zuzumuten, sich vorher durch den Abschluß einer entsprechenden Versicherung auf eine solche Möglichkeit einzurichten. Es würden dann weder der vom Unglück Betroffene noch die Entwicklung des Flugwesens zu leiden haben. Da nach dem geltenden Recht eine solche Haftung des Fliegers nicht besteht, ist es Sache der Gesetzgebung, hier einzuschreiten. — Aus den Verhandlungen geht hervor, daß die künftige Kodifizierung der Luftfahrthaftpflicht ohne Zweifel Fälle, wie den vorerwähnten, für ersatzpflichtig erklärt.

2. Abschnitt.

Untergang der „Schwaben“ und die ersten Anfänge der Luftschiffversicherung.

Im Laufe des Jahres 1912 kam die Luftfahrschaden-Versicherung, und zwar im wesentlichen die direkte, allmählich in Fluß. Von verschiedenen maßgebenden Luftfahrern und Flugzeugführern wurde sie immer dringlicher verlangt. Als treibendes Moment kam noch die am 28. Juni 1912 erfolgte Zerstörung des bei englischen, in Deutschland nicht zugelassenen Versicherungsgesellschaften versicherten Luftschiffes „Schwaben“ durch Feuer hinzu. Die „Schwaben“ war mit 20 000 Pfund bei englischen Gesellschaften versichert, da Verhandlungen mit deutschen Gesellschaften scheiterten. Drei englische Gesellschaften, darunter die Versicherungsbörse Lloyd, übernahmen zunächst die „Schwaben“, dann auch die „Victoria Luise“ gegen eine Jahresprämie von je 14 000 M. Selbstverständlich waren etwaige Gefahren, die dem Luftschiff in der Luft drohten, wie Blitzschlag usw., ausgeschlossen, und nur die Unfälle während der Verankerung wurden anerkannt. Desto erstaunlicher war es, daß die englischen Gesellschaften die

Zahlung der Entschädigungssumme rundweg ablehnten, und zwar mit der Begründung, daß die „Schwaben" nicht durch Feuer, sondern infolge einer Explosion vernichtet worden sei. Dazu wurde bemerkt, daß sich die Fachleute von Anfang an auf den Standpunkt stellten, daß nicht eine durch Mischung von Sauer- und Wasserstoffgas hervorgerufene Knallgasexplosion die Katastrophe herbeigeführt hat, sondern ein regelrechter Brand.

Bekanntlich mußte die „Schwaben", als sie am Morgen des 18. Juni 1912 von Frankfurt an den Rhein kam, im Freien verankert werden, weil ein starker Wind das Einbringen in die Halle erschwerte. Durch die heftigen Bewegungen gerieten die Gummizellen aneinander und fingen, offenbar stark erhitzt, Feuer, das sofort das Gas in Brand steckte. Nach wenigen Minuten war das stolze Schiff ein kleiner Trümmerhaufen. In Wirklichkeit rührten die Detonationen vom Bersten der Benzinbehälter her.

Die Versicherung der „Schwaben" bei deutschen Gesellschaften wurde namentlich wegen Gefährdung nationaler und militärischer Interessen gefordert [1]); dem Auslande dürften nicht die Früchte der Zeppelin-Arbeit ausgeliefert werden. Dies sei aber unvermeidlich, da bei Besichtigung des zu Schaden gekommenen Luftschiffes alle Einzelheiten seiner Konstruktion und Zusammenhänge den von den ausländischen Gesellschaften beauftragten Gutachtern bekannt werden müßten. Deshalb sei es Pflicht der deutschen Gesellschaften, die Luftschiffe in Versicherung zu nehmen und ihre Gemeinnützigkeit und Opferwilligkeit zu zeigen. Ihr ablehnendes Verhalten sei kurzsichtig und geeignet, die vielfach erhobene Forderung nach Verstaatlichung des Versicherungswesens zu unterstützen.

Die deutschen und die in Deutschland tätigen Feuerversicherungsgesellschaften wollten dem deutschen Luftfahrtwesen ihre Unterstützung jedoch keineswegs versagen, aber es handelte sich dabei vorläufig immer nur um eine Unterstützung und nicht darum, die ganze Last allein zu tragen.

---

1) Berliner Börsen-Courier 1912, No. 451.

Nach den bisherigen Erfahrungen, wurde damals in der Tagespresse geschrieben, erreiche ein Luftschiff durchschnittlich kaum eine längere Lebensdauer als drei Jahre. Die zerstörte „Schwaben“ war mit 400000 M. zu einer Prämie von 14000 M. versichert. Danach würden die Versicherungsgesellschaften in kurzen Fristen immer wieder den vollen Wert der Luftschiffe zu ersetzen haben, ohne eine ins Gewicht fallende Gegenleistung zu erhalten, sie allein wären also die Träger der Fortführung dieser großen nationalen Bestrebungen. Ein solches Verlangen sei unbillig, ebenso wie es unbillig wäre, die Leistung der Erneuerungskosten etwa der Industrie, dem Handel oder anderen Wirtschaftsgruppen zuzumuten, die an der Luftschiffahrt mehr interessiert seien, als gerade die Feuerversicherungsgesellschaften.

Der Hinweis auf die Verstaatlichung des Versicherungswesens sei verfehlt, weil auch eine Staatsversicherungsanstalt die zu Feuerversicherungszwecken einkommenden Beträge nicht zu anderen, selbst noch so nationalen Aufgaben verwenden könne. Tatsächlich hätten auch die zahlreichen staatlichen und öffentlich-rechtlichen Feuerversicherungsanstalten in Deutschland bis Ende September 1912 noch keinem Luftschiff Versicherungsschutz gewährt, dagegen sei dies seitens der Privatgesellschaften geschehen. Das in Baden-Oos im September 1910 zerstörte Luftschiff „L. Z. 7“ war bei deutschen Privatgesellschaften versichert, die 320000 M. Schadenersatz zu leisten hatten. Für das im Juni 1912 beschädigte Luftschiff „L. Z. 12“ hatten die deutschen Gesellschaften 50000 M. zu zahlen. Deutsche Gesellschaften hatten vom 12. Juli ab die Versicherung der am 28. Juni zerstörten „Schwaben“ übernommen, wären also, sofern ein ersatzpflichtiges Ereignis vorliegt und der Schaden 14 Tage später eingetreten wäre, auch hierfür mit 300000 bis 400000 M. haftbar gewesen. Die Zeppelin-Werke und die Luftschiffe, solange sie sich im Besitze Zeppelins befinden, sind bei deutschen Gesellschaften gedeckt.

Die deutschen Feuerversicherungsgesellschaften hatten somit, wenn auch nur in vereinzelten Fällen, damals Luftfahrtrisiken gedeckt und noch manches Opfer auf sich genommen.

Wenn es aber die „Deutsche Luftschiffahrts-A.G." in Frankfurt a. M. („Delag"), hieß es in der deutschen Tagespresse, durch Mangel an Aufsicht zu der Zerstörung des „L. Z. 7" kommen ließ, war der Brand des Luftschiffes infolge Anlasses der Motoren seitens unbeaufsichtigter Monteure und niederer Angestellten entstanden, und die „Delag" nach ihrer eigenen Erklärung im Auslande wegen des günstigeren Prämienangebotes Versicherung nahm, so fällt ausschließlich ihr und nicht den deutschen Versicherungsgesellschaften die Verantwortung für eine etwaige Verletzung nationaler und militärischer Interessen zu.

Diesen Aeußerungen trat die Direktion der „Deutschen Luftschiffahrts-Aktien-Gesellschaft in Frankfurt am Main" unter anderem mit folgender Erklärung entgegen [1]: „...... den Tatsachen entspricht ferner die Angabe nicht, die Versicherung im Auslande sei wegen günstigerer Prämienbedingungen erfolgt. Wir zahlten an das Ausland über das Doppelte an Prämien, als früher an deutsche Gesellschaften, und wir versicherten unsere Schiffe im Auslande, weil und nachdem trotz unserer äußersten Anstrengungen die deutschen Gesellschaften, die Versicherung rundweg abgelehnt hatten (mit Ausnahme von ein oder zwei Gesellschaften, die bereit gewesen wären, sich an dem Risiko mit einem kleinen Bruchteil zu beteiligen). Es ist auch nicht richtig, daß die Versicherung der „Schwaben" vom 12. Juli 1912 ab im Inland untergebracht war; es bestand freilich die Hoffnung auf eine Einigung ....."

Nachdem wir diesen Streit über Deckung der Luftschiffe im Inlande oder Auslande hier nur kurz registrierten, erübrigt sich ein weiteres Eingehen auf die Frage, da sie durch den Wandel der Zeiten nur noch theoretisches Interesse besitzt.

---

1) Berl. Börsen-Courier 1912, No. 455.

* * *

Erfahrungen lagen Mitte 1912 genügend vor, aus denen sowohl die „Delag“, wie die Versicherungsgesellschaften die Nutzanwendung zur Vermeidung von Unfällen, insbesondere von Brandschäden, ziehen konnten. Deshalb hat auch die Vereinigung der in Deutschland arbeitenden Privat-Feuerversicherungs-Gesellschaften, die sich schon seit Anfang 1910 mit der Versicherung der Luftschiffe befaßte, die Angelegenheit in die Hand genommen. Die Mehrzahl der der Vereinigung angehörenden Gesellschaften hatte sich Mitte 1912 bereit erklärt, zusammen einen 60-prozentigen Anteil an den Versicherungen folgender drei Firmen zu übernehmen: 1) Luftschiffbau Zeppelin G. m. b. H. in Friedrichshafen, 2) Deutsche Luftschiffahrts-A.G. in Frankfurt a/M., 3) Flugzeugbau Friedrichshafen G. m. b. H. Etablissement in Manzell bei Friedrichshafen.

Für die Unterbringung der restlichen 40 Proz. dieser Versicherungen haben zur Hauptsache die außerhalb der Vereinigung stehenden Privatgesellschaften und öffentlichen Feuerversicherungsanstalten gesorgt.

Anfangs November 1912 wurde die Frage endgültig geregelt und die Verhandlungen über die Feuerversicherung des Luftschiffbau Zeppelin und der Luftschiffe der Deutschen Luftschiffahrts-Aktiengesellschaft (Delag), sowie über die damit zusammenhängenden Versicherungen befriedigend abgeschlossen. An den Versicherungen beteiligten sich 37 deutsche Privat-Versicherungsgesellschaften, die vier Fünftel der zu versichernden Summe gezeichnet hatten. Den Bemühungen der Württembergischen Feuerversicherungs-Gesellschaft war es gelungen, auch das fehlende Fünftel, das sonst ohne Deckung geblieben wäre, bei einer Anzahl preußischer öffentlich-rechtlicher Versicherungsgesellschaften unterzubringen. Die Versicherung beschränkte sich im wesentlichen auf den Schutz gegen Brand, Blitzschlag und Explosionen und wurde mit einer Prämie zwischen 5 und 8 Proz. der Versicherungssumme belegt. Ein Fünftel der letzteren verblieb in Selbstversicherung, d. h. sollte überhaupt nicht gedeckt werden.

Vom Verbande öffentlicher Feuerversicherungsanstalten in Deutschland wurde jedoch hierzu folgendes erklärt[1]: „Die der Vereinigung der in Deutschland arbeitenden privaten Feuerversicherungsgesellschaften angehörenden Privatversicherer haben, um den nicht zur Vereinigung gehörenden Privatversicherern und öffentlichen Anstalten Gelegenheit zu geben, sich an der nationalen Aufgabe der Versicherung der Zeppelin-Unternehmungen zu beteiligen, einen Anteil von 40 Proz. absichtlich freigelassen, und es bedurfte lediglich der Anfrage der Württembergischen Feuer-Versicherung a. G. als der für jene 40 Proz. führenden Anstalt bei dem Verbande der öffentlichen Anstalten, um die Versicherung der den öffentlichen Anstalten zugeteilten 20 Proz. in die Wege zu leiten. Jedenfalls hat die letztgenannte Gesellschaft besondere Bemühungen nach dieser Richtung hin nicht zu unternehmen brauchen.

Im übrigen sei auch hier nochmals betont, daß die zunächst in Betracht kommenden staatlichen Versicherungsanstalten Bayern, Württemberg, Baden, Hessen usw. nur Gebäudeversicherung betreiben und zur Versicherung beweglicher Gegenstände nicht berechtigt sind, und daß die preußischen öffentlichen Feuerversicherungsanstalten, soweit sie Mobiliarversicherung betreiben, gesetzlich und durch ihre Satzung an der Versicherung nicht in ihrem Geschäftsgebiet gelegener Gegenstände gehindert sind. Die Unternehmungen der Zeppelin-Gesellschaften liegen aber größtenteils außerhalb der Geschäftsbereiche der preußischen öffentlichen Feuerversicherungsanstalten. Wenn diese sich trotzdem ohne weiteres bereit gefunden haben, an den Versicherungen teilzunehmen, so ist dies in der Annahme geschehen, daß ihnen in dieser Angelegenheit von keiner Staatsregierung Schwierigkeiten bereitet werden.“

Die Versicherung von Havarie-Schäden der Luftschiffe in der Luft, bei der Landung oder durch Sturm, die Deckung des

1) Württemberger Zeitung v. 15. Nov. 1912.

Feuer- und Explosion-Risikos in der Luft blieb Sache der Transport-(Casco-)Versicherung. Bedeutende Hamburger und in Hamburg domizilierte deutsche Transport-Versicherungen traten Mitte 1913 der Frage der Casco-Versicherung von Luftschiffen näher. Es wurden die Casco-Risikos der drei Luftschiffe „Victoria Luise", „Hansa" und „Sachsen" der Deutschen Luftschiffahrts-Aktien-Gesellschaft im Betrage von 1650000 M. übernommen. Die meisten Gesellschaften hatten sich zur Uebernahme des Risikos zur Prämie von 8 Proz. bei 20-prozentiger Selbstversicherung und unter Stipulation einiger Ausschlußbestimmungen, die hier nicht alle erörtert werden können, bereit erklärt. Einige Direktionen hielten das Risiko nach wie vor für zu schwer und lehnten eine Zeichnung von auch nur kleinen Anteilen ab, während die anderen bestrebt waren, ihr Impegno durch weitgehende Rückversicherung möglichst zu reduzieren[1]).

3. Abschnitt.

Die Flieger- und Luftschiffversicherung unter dem Einfluß der Reichsfliegerstiftung und der Nationalflugspende.

Gleichzeitig mit der Versicherung von Luftschiffen kam auch die Versicherung von Fliegern und Flugzeugen allmählich in Fluß. Die Verwaltung der deutschen Reichsfliegerstiftung hatte im Frühjahr 1912 mit der Internationalen Unfallversicherungs-Aktien-Gesellschaft in Wien eine „Kollektiv-Ehrenversicherung" für sämtliche deutsche Flugzeugführer, die sich in die Listen der Reichsfliegerstiftung eintragen ließen, abgeschlossen. Alle Eingetragenen hatten ohne Rücksicht auf ihre wirtschaftliche Lage Anspruch auf die Versicherung. Darüber hinaus war es aber jedem einzelnen möglich, durch Zusatzprämien sich

1) Deutsche Versicherungs-Zeitung 1913, v. 15. Juni, No. 44.

höher zu versichern. Die Versicherung lautete auf 1000 M. auf den Todesfall und 1500 M. auf den Fall dauernder Invalidität. Preis- und Wettflüge waren in die Versicherung eingeschlossen. Für die freiwillige Versicherung berechnete die „Internationale Unfall“ 60 M. für 1000 M. auf den Todesfall, 40 M. für jede 1000 M. dauernder Invalidität und 40 M. für jede Mark täglicher Entschädigung. Versicherungen auf den Todesfall allein wurden nicht angenommen, mindestens mußten Tod und Invalidität im Verhältnis von 2 : 3 versichert werden; und bei Einschluß täglicher Entschädigungen war das Verhältnis von 1000 M. : 1500 M. : 1 M. möglichst innezuhalten. Der Verein war mit zahlreichen anderen Gesellschaften in Verhandlungen gestanden, alle aber hatten entweder die Uebernahme des Risikos ganz abgelehnt oder Prämien gefordert, die die schließlich von der „Internationalen“ zugestandenen weit überstiegen. Die „Internationale“ hat sich ausdrücklich das Recht vorbehalten, den zunächst auf 3 Jahre vom 1. April 1912 abgeschlossenen Vertrag auf den 1. April jeden Vertragsjahres kündigen zu können. Das gleiche Recht wurde den Vereinen zugestanden.

Zur Vermittlung von Fliegerversicherungen richtete die am 15. Oktober 1913 gegründete Gesellschaft „Luftfahrdank, G. m. b. H.“ neben anderen Vermittlungstätigkeiten eine besondere Versicherungsabteilung ein, die sich besonders mit der Unterbringung aller Unfall- und Haftpflichtrisiken auf dem Gebiete der Luftfahrt, sowie der Sachversicherung aller Luftfahrzeuge befaßte, und außerdem eine Vertriebsabteilung, die mit einer Reihe größerer Firmen Abkommen getroffen hatte, daß diese Firmen aus dem Verkauf aller ihrer Erzeugnisse, die für Luftfahrzwecke geliefert wurden, Prozente von den erzielten Kaufpreisen der Fabrikate an den Luftfahrdank abführen [1]).

* * *

Auf dem ordentlichen 11. Luftfahrertage (1914) zu Stuttgart wurde beschlossen, den Abschluß eines Versicherungs-

---

1) Deutsche Versicherungs-Zeitung 1914, v. 8. März, No. 19.

vertrages für die Haftpflicht- und Unfallversicherung von Freiballonfahrten tunlichst in Gemeinschaft mit der Reichsfliegerstiftung herbeizuführen. Der Luftfahrerdank hat die bezüglichen Verhandlungen unternommen und mit der „Albingia", Hamburg-Düsseldorfer-Versicherungs-Aktien-Gesellschaft, zugunsten der Vereine des Deutschen Luftfahrer-Verbandes und seiner Mitglieder einen Ballon-Haftpflicht- und Unfallversichungsvertrag abgeschlossen, für den die nachfolgenden Bedingungen gelten[1]:

Haftpflicht-Versicherungs-Bedingungen. 1. Die Versicherung erstreckt sich auf die gesetzliche Haftpflicht: a) des Vereins, aus dem Besitze und der Verwendung von Freiballonen zwecks Veranstaltung von Vereins-Luftfahrten, gleichgültig, ob diese Fahrten mit eigenen oder geliehenen Ballonen erfolgen; b) der Vorstandsmitglieder, sowie der beauftragten Organe in dieser Eigenschaft; c) der Vereinsmitglieder aus Veranstaltung von privaten (also nicht Vereins-) Fahrten mit Vereins-, eigenen oder fremden Ballonen unter der Bedingung, daß die Aufstiege einen Tag vorher schriftlich oder vor dem Aufstieg telegraphisch unter Angabe des Namens, Standes und Wohnortes des betreffenden Mitgliedes angemeldet werden.

2. In die Versicherung ist eingeschlossen: a) die gesetzliche Haftpflicht aus Besitz der Ballonplätze nebst Einrichtungen, insbesondere aus Besitz und Betrieb der Fülleinrichtungen; b) bezüglich der in Ziffer 1 erwähnten Fahrten die gesetzliche Haftpflicht des Ballonführers und der Mitfahrenden, letzterer jedoch nur insoweit, als sie im Auftrage oder in Vertretung des Ballonführers handeln; die Fahrten-Haftpflicht-Versicherung erstreckt sich auf den Rücktransport des Ballons bis zum Ballonplatz; c) die gesetzliche Haftpflicht wegen Beschädigung fremder Sachen bei freiwilligen und unfreiwilligen Landungen durch Notstandshandlungen zum Zwecke der Bergung oder Rettung des Ballons (§§ 904 und 228 BGB.); d) die gesetzliche Haftpflicht nach ausländischen Gesetzen bei Schäden,

---

1) Deutsche Luftfahrer-Zeitschrift 1914, v. 15. April, No. 8.

welche sich im Ausland ereignen; e) die Haftpflicht gegenüber dem Militärfiskus aus Unfällen der von den Militärbehörden zu Hilfeleistung bei Veranstaltungen von Luftfahrten, insbesondere bei Aufstiegen gestellten Militärpersonen, soweit Ansprüche für Leistungen nach dem Mannschaftsversorgungsgesetz vom 31. März 1906 in Betracht kommen.

3. Auf die Veranstaltung von Wettfahrten erstreckt sich die Versicherung nur dann, wenn keine Zuschauertribünen errichtet werden. Für solche Wettfahrten kann ein Prämienzuschlag von Fall zu Fall festgesetzt werden. Die Prämie für die in die Versicherung eingeschlossenen Veranstaltungen ist von dem veranstaltenden Verein zu entrichten nach der Gesamtzahl der aufsteigenden Ballone.

4. Ausgeschlossen von der Versicherung ist: jede Haftpflicht des Vereins oder der anderen haftpflichtversicherten Personen gegenüber den an der Fahrt teilnehmenden Personen, sowie der Fahrtteilnehmer gegenüber dem Verein.

5. Der Versicherung liegen die jeweils gültigen, vom Kaiserlichen Aufsichtsamte genehmigten Bedingungen der Gesellschaft zugrunde mit der Maßgabe, daß der Höchstbetrag der Ersatzleistung pro Schadenfall betragen soll: a) wegen Personenbeschädigung 50000 M. für jede einzelne verletzte Person und mit dieser Einschränkung 150000 M., wenn durch ein Ereignis mehrere Personen verletzt worden sind; b) wegen Sachbeschädigung 10000 M. Die während und infolge einer Ballonfahrt vorkommenden Beschädigungen an Personen oder Sachen gelten als ein Schadenfall. Die Versicherten haben in jedem Sachschadenfalle 10 Proz. des Schadens, mindestens aber den Betrag von 20 M. selbst zu tragen; im übrigen wird voller Ersatz geleistet. Die Führer haben das Recht, haftpflichtige Sachschäden anläßlich des Landens bis zum Betrage von 50 M. ohne weiteres an Ort und Stelle zu regulieren.

Die Bestimmungen der Versicherungsbedingungen, betr. Vorsorgeversicherung, gelten für diese Versicherung nicht.

6. a) Die jährliche Prämie wird nach der Zahl der Aufstiege berechnet und beträgt pro Aufstieg bei einer Versiche-

rungsdauer bis zum Ablauf des Hauptvertrages und für mindestens fünf Fahrten im Versicherungsjahr je 10 M. Falls ein Versicherungsnehmer eine höhere Selbstbeteiligung als 10 Proz. (siehe 5 b) vorzieht, ermäßigt sich die Prämie:

bei Selbstbeteiligung	von mindestens
20 Proz.	20 M. auf 7 M.
25 "	20 " " 6 "
33⅓ "	20 " " 5 "

Bei kürzerer Versicherungsdauer wird ein Zuschlag von 10 Proz. erhoben. b) Versicherungsjahr ist das Kalenderjahr. Will ein Verein während des Laufes eines Kalenderjahres die Haftpflichtversicherung abschließen, so muß er für den Rest des Kalenderjahres eine Zusatzversicherung beantragen mit Prämienzuschlag für mindestens: zwei Fahrten für ¼ Jahr und weniger, drei Fahrten für ½ Jahr und weniger, vier Fahrten für ¾ Jahr und weniger. c) Jeder Verein hat für das Versicherungsjahr die Prämie für fünf Fahrten bzw. drei oder vier Fahrten im voraus zu entrichten. Innerhalb eines Monats nach Ablauf jedes Kalenderjahres ist alsdann der Vertragsgesellschaft von jedem versicherten Verein Mitteilung zu machen, wie viele Aufstiege während des ablaufenden Versicherungsjahres bzw. während der Dauer der Zusatzversicherung stattgefunden haben; auf Grund dieser Angaben wird für jeden Verein die endgültige Prämie für diese Zeit festgestellt. Ist die Gesamtzahl der Aufstiege aller bei der Vertragsgesellschaft versichert gewesenen Vereine im abgelaufenen Kalenderjahre höher gewesen als 500, so erhält der Luftfahrerdank von der Gesamtprämie einen Rabatt von 5 Proz.; 1000, so erhält der Luftfahrerdank von der Gesamtprämie einen Rabatt von 10 Proz,; 1500, so erhält der Luftfahrerdank von der Gesamtprämie einen Rabatt von 15 Proz.; 2000, so erhält der Luftfahrerdank von der Gesamtprämie einen Rabatt von 20 Proz. zugunsten seiner Luftfahrerfürsorge.

7. Erhöht sich das Haftpflichtrisiko dadurch, daß die gesetzliche Haftpflicht von Besitzern oder Führern von Freiballonen durch Gesetze verschärft wird, so erstreckt sich die Versiche-

rung auf diese Risikoerhöhung erst dann, wenn hierüber eine Vereinbarung zwischen den Parteien getroffen wurde.

Unfall-Versicherungs-Bedingungen. 1. Die Gesellschaft gewährt unter Zugrundelegung ihrer jeweils gültigen, vom Kaiserlichen Aufsichtsamte genehmigten allgemeinen und besonderen Versicherungsbedingungen für Kollektiv-Unfallversicherung den Vereinen des „Deutschen Luftfahrer-Verbandes" und seinen Mitgliedern eine Versicherung gegen die Folgen körperlicher Unfälle während der Dauer der von diesen unternommenen Freiballonfahrten. Unfälle beim Fertigmachen des Ballons zum Aufstieg sowie beim Verpacken und Transport des Ballons zur Bahn nach beendeter Fahrt sind eingeschlossen.

Die Bestimmungen der Bedingungen betr. Vorsorge-Versicherung gelten für diese Versicherung nicht.

2. Die Versicherung kann auch für Gäste (Nichtvereinsmitglieder) genommen werden, wenn sie an Freiballonfahrten unter Führern des DLV. teilnehmen.

3. Bei einer Versicherungssumme von

1000 M. für den Fall des Todes,
1000 M. für den Fall der Invalidität (Kapitalzahlung),
1 M. für tägliche Entschädigung

beträgt die Prämie pro Person und Aufstieg einschließlich Wettfahrten 1,50 M. Für Mitglieder, welche eine Jahresversicherung nehmen wollen, beträgt die Prämie jährlich einschließlich der Teilnahme an Wettfahrten 6 M. Die Versicherungssummen können bis zu 100 000 M. für Tod und Invalidität und 100 M. täglicher Entschädigung erhöht werden.

4. Die Versicherung tritt in Kraft durch Ueberweisung eines Antrages und der Prämie an die Gesellschaft oder durch Vollziehung eines Versicherungsscheines und Zahlung der Prämie an den Beauftragten des Vereins vor dem Aufstieg. Von dem Antrag hat der Verein der Gesellschaft umgehend Mitteilung zu machen unter Einzahlung der Prämie.

5. Dieser Vertrag findet auch auf Aufstiege von Mitgliedern der Vereine des „Deutschen Luftfahrer-Verbandes" mit eigenen oder fremden Ballonen, die nicht vom Verein veranstaltet werden, Anwendung, jedoch nur unter der Bedingung, daß solche vor-

her schriftlich bei der Gesellschaft angemeldet worden sind unter gleichzeitiger Ueberweisung der Prämie.

6. Ist die Gesamtzahl aller bei der Gesellschaft gegen Unfall versichert gewesenen Personen im ablaufenden Kalenderjahre höher gewesen als 500, so erhält der Luftfahrerdank von der Gesamtprämie einen Rabatt von 5 Proz.; als 1000, so erhält der Luftfahrerdank von der Gesamtprämie einen Rabatt von 10 Proz.; 1500, so erhält der Luftfahrerdank von der Gesamtprämie einen Rabatt von 15 Proz.; 2000, so erhält der Luftfahrerdank von der Gesamtprämie einen Rabatt von 20 Proz.; 2500, so erhält der Luftfahrerdank von der Gesamtprämie einen Rabatt von 25 Proz.; 3000, so erhält der Luftfahrerdank von der Gesamtprämie einen Rabatt von 30 Proz. zugunsten seiner Luftfahrerfürsorge.

Mit Einzahlung des Prämienbetrages vor dem Aufstieg durch Zahlkarte auf das Postscheckkonto der Versicherungsabteilung des Luftfahrerdank G. m. b. H., Berlin-Charlottenburg 2, Joachimsthalerstr. 1, Luftfahrthaus, oder durch Einzahlung mittels Postanweisung vor dem Aufstieg an vorgenannte Versicherungsabteilung unter Angabe der Versicherungssummen ist die Versicherung rechtsgültig abgeschlossen.

Wegen Abschluß einer Casco-Versicherung für Freiballons, durch welche diese gegen teilweisen oder Totalverlust auch während der Fahrt versichert werden können, schwebten noch Verhandlungen. Die bei den Verbandsvereinen angestellten Erhebungen haben bisher ergeben, daß ein Bedürfnis für diese Versicherung nicht allgemein als vorliegend erachtet wird.

* * *

Den wirtschaftlichen und versicherungstechnischen Mittelpunkt für die immer noch in den ersten Anfängen stehende Fliegerversicherung bildeten die am 1. März 1913 in Kraft getretenen Bestimmungen über die Verwendung der einzelnen Summen der deutschen „Nationalflugspende für Flugprämien". Die Ausführungsbestimmungen für die Flugprämien bestimmten u. a., daß die Nationalflugspende deutschen Flugzeugführern, die in der Zeit vom 1. März bis zum 31. Dezember 1913 auf in Deutschland hergestellten, mit deutschen oder ausländischen Motoren versehenen Flugzeugen außerhalb sonstiger Konkurrenzen eine Stunde ohne Zwischenlandung fliegen, einen Preis von M. 1000 und für jede weitere, ohne Zwischenlandung geflogene Stunde einen Zusatzpreis von je M. 1000 gewähren. Voraussetzung für die Bewerbung um Geldpreise war, daß der Bewerber bei Ausführung eines Prämienfluges auf Grund der durch die Nationalflugspende vermittelten Versicherungspolice versichert war, sofern er nicht nachweist, daß er vor dem 1. März 1913 anderweit sich in gleicher Höhe versichert hatte.

Da die Versicherung in der angegebenen Weise Voraussetzung für die Bewerbung um die Geldpreise war, so wurde empfohlen, mit der geschäftsführenden Versicherungsgesellschaft „Victoria“ und anderen Versicherungsgesellschaften zu Berlin auf Grund der von der Nationalflugspende vermittelten Police einen Versicherungsvertrag sobald als möglich abzuschließen. Die versichernden Gesellschaften bestanden aus einem Konzern deutscher Versicherungsgesellschaften, dem die „Victoria“-Berlin, der „Nordstern“-Berlin, der „Allgemeine Deutsche Versicherung-Verein“ und die „Wilhelma“-Magdeburg angehörten. Bei Abschluß des Vertrages mußte der Flieger die erste Vierteljahrsprämie in Höhe von 45 M. zahlen, worauf seitens der Nationalspende der von ihr übernommene Anteil der Jahresprämie in Höhe von 200 M. an die „Victoria“ gezahlt wurde. Für die weiteren Vierteljahreszahlungen von je 45 M. blieb der Flieger allein rechtlich verpflichtet. Falls der Flieger einen Geldpreis für eine Flugleistung erhalten hatte, wurde aus diesem der noch nicht gezahlte Rest der Jahresversicherungsprämie seitens der Nationalflugspende zurückbehalten und an die „Victoria“ abgeführt.

Die Leistungen der Versicherung bestanden im Falle einer durch Flugunfall herbeigeführten Arbeitsunfähigkeit in einem täglichen Krankengeld bis zu 5 M. und im Falle der Invalidität in einer jährlichen Rente bis 1600 M.

Diese Bestimmungen bezogen sich nur auf das Jahr 1913.

Für die folgenden Jahre behielt sich das Kuratorium vor, Aenderungen eintreten zu lassen, eventuell im Verhältnis der Fortschritte, die das deutsche Flugwesen machte, Verschärfungen der Bedingungen für den Erwerb der Zuverlässigkeitspreise und der Nationalrente zu verfügen.

Es wurde auch von den genannten Gesellschaften geplant, eine Haftpflichtversicherung für die Flieger, Flugplätze und Flugzeugapparatefabriken ins Leben zu rufen. Dieses Projekt aber blieb wiederum unausgeführt.

Am 18. Dezember 1913 hielt in Berlin das Kuratorium der Nationalflugspende eine Sitzung ab, in der Prinz Heinrich von Preußen als Protektor den Vorsitz übernahm und in einer Ansprache u. a. an die seit dem 29-Sekundenflug der Gebrüder Wright im Jahre 1903 bis zu dem 21-Stundenflug Victor Stöfflers in 1913 erzielten Fortschritte erinnerte. Wenn Deutschland, führte er aus, die Periode des Tastens im Flugwesen überwunden habe und nunmehr dieses nationale Gut selbständig zur Entwicklung bringen könne, so habe zu diesem Gelingen die „Nationalspende" in hervorragender Weise beigetragen [1]).

Nach Eintritt in die Tagesordnung erfolgte zunächst die Rechnungslegung. Nach dem unterm 15. Dezember 1912 veröffentlichten Abschluß betrug das Sammelergebnis der Nationalflugspende 7 234 506 M. Hiervon standen zur freien Verfügung des Kuratoriums der Nationalflugspende bezüglich der bis 15. Dezember 1913 hinzugetretenen weiteren Spenden und Zinsen insgesamt 5 601 135 M. Hiervon sind in der Zeit vom 16. Dezember 1912 bis 15. Dezember 1913 verausgabt worden für:

Fliegerausbildung (erste Ausbildungsperiode)	586 272	M.
Fliegerprämien (Renten)	479 513	„
Fliegerversicherung	80 429	„
Ehrengaben für Hinterbliebene abgestürzter Flieger .	24 504	„
Wettbewerbe	213 000	„
Flugstützpunkte	125 013	„
Wissenschaftliche Gesellschaft für Flugtechnik zur Prüfung von Erfindergesuchen	50 000	„
Verschiedene Verwendungszwecke	132 036	„
Allgemeine Unkosten und dergl.	24 574	„
zusammen	1 715 341	M.

1) Berliner Zeitung am Mittag 1913, vom 19. Dez.

Mithin verbleiben 3 885 791 M. Dem Schatzmeister Bankier Franz v. Mendelssohn wurde Entlastung erteilt.

Die Verwendung der noch verfügbaren Mittel wurde in folgender Weise festgesetzt: Auf Grund von Beschlüssen des Verwaltungsausschusses sind bereits in rechtlich verbindlicher Form 2 846 170 M. zugesagt, und zwar u. a. für

die großen Flugflüge	300 000	M.
Reichskolonialamt, Förderung des Flugwesens in den Kolonien	100 000	„
Unterhaltungszwecke des Daimlermotors	15 000	„
Durchlaufende Beträge	50 000	„
Ehrenpreise für Militärflieger	55 000	„
Förderung nachzuprüfender Neukonstruktionen	40 000	„
Flugzeugmotoren-Wettbewerb	225 000	„
Wasserflugstützpunkte	100 000	„
Wasserflugzeug-Wettbewerb der Reichsmarine 1914	125 000	„
Wasserflugplatz an der Ostsee	250 000	„
Fliegerkurse in München	25 000	„
Fliegerkurse in Johannistal	60 000	„
Prämienkosten für Fliegerausbildung (zweite Ausbildungsperiode)	776 000	„
Kosten der Versicherung der Flieger	669 570	„
Rückstellung für allgemeine Unkosten und Verwaltungskosten	47 000	„

Zum Punkte Versicherung der Flieger wurde hervorgehoben, daß die Versicherungsgesellschaften aus nationalen Gesichtspunkten abermals entgegengekommen seien und sich bereit erklärt hätten, das Tagegeld von 5 auf 8 M. zu erhöhen und statt der Rente von 1600 M. einen Kapitalbeitrag von 24 000 M. zu gewähren. Es wird der Versuch gemacht, die Versicherung auf den Todesfall auszudehnen, und zwar in Höhe von 4000 M. Die dadurch erforderliche Erhöhung der Prämie wird zum Teil von der Luftfahrerstiftung des Deutschen Luftfahrerverbandes, zum Teil von der Nationalflugspende getragen. Der Anteil der Flieger soll von 180 auf 200 M. jährlich erhöht werden.

Zum Schluß überreichte Prinz Heinrich die Preise an die Vertreter der Fliegerzeugfabriken und an die Flieger.

Für das Jahr 1914 schrieb das Kuratorium der Nationalflugspende Ende 1913 neue Bestimmungen, unter Aufhebung der bisherigen Ausschreibungen für Städte- und Rentenflüge, aus, nach denen jeder deutsche Flugzeugführer für einen ununterbrochenen Flug, der auf einem in Deutschland hergestellten, mit deutschem oder ausländischem Motor versehenen Flugzeug außerhalb sonstiger Wettbewerbe ausgeführt wird, einen Preis erhält. Von der erflogenen Prämie erhält die Nationalflugspende, falls der Flugzeugführer den Versicherungsbetrag für das laufende Jahr noch nicht voll bezahlt hat, einen Betrag bis zu 150 M. zur Bezahlung der laufenden Prämie zurück. — Für die Bewerbung um Geldpreise ist Voraussetzung, daß der Bewerber bei Ausführung eines Prämienfluges auf Grund der durch die Nationalflugspende vermittelten Versicherungspolice versichert war, sofern er nicht nachweist, daß er vor dem 1. März 1913 anderweit sich in gleicher Höhe versichert hatte und bei seiner Preisbewerbung noch versichert war[1]).

Das vorerwähnte Preisausschreiben für Städte- und Rentenflüge wurde jedoch Mitte Februar 1914 widerrufen, da die für Prämienflüge ausgesetzten Mittel nahezu erschöpft waren. Gleichzeitig wurde jedoch, um ein Uebergangsstadium zu dem nach völliger Verausgabung der Spende sich ergebenden Zustande zu schaffen, unter Kürzung der für andere Zwecke festgesetzten Mittel, ein neues Preisausschreiben unter den Bedingungen des aufgehobenen Preisausschreibens mit der Maßnahme erlassen, daß a) die Einzelpreise sich um 50 Proz. ermäßigen, b) die Renten unverändert bleiben, c) die Gesamtsumme der Preise auf 150000 M. festgesetzt wird, d) die Auslobung mit Verausgabung der vorerwähnten Gesamtsumme, spätestens aber — und zwar auch bezüglich der Zahlung der Renten — am 30. Juni 1914 erlischt[2]).

Seit Mitte 1913 übernahm die „Victoria"-Berlin die Haftpflichtversicherung von Luftsportrisiken, und zwar 1) von einzelnen Fliegern, 2) von Flugzeugfabriken, 3) von Fliegerschulen, 4) von Schau- und Ueberlandflügen und ähnlichen Veranstaltungen, 5) von lenkbaren Luftschiffen und 6) von Freiballons. Das Risiko trug die „Victoria" gemeinsam mit

1) Deutsche Versicherungs-Zeitung 1914 vom 8. Januar, No. 2.

2) Berliner Tageblatt 1914, v. 15. Februar.

dem „Allgemeinen Deutschen Versicherungs-Verein", der „Wilhelma" und dem „Nordstern" in ähnlicher Weise, wie bei den durch Vermittlung der Nationalflugspende abgeschlossenen Fliegerunfallversicherungen.

Ehe noch in Deutschland die Nationalflugspende ins Leben gerufen wurde, bestanden im Ausland, insbesondere in Frankreich, ähnliche Unternehmungen. Nach einem am 6. März 1913 veröffentlichten Ausweis über die im Jahre 1912 begonnene Zeichnung für das französische Militärflugwesen wurden 4704000 Franken gezeichnet [1]). Die deutsche Nationalflugspende hat ein Gesamtergebnis von 7234506 M. gehabt, von denen am Tage des Abschlusses 46508 M. noch ausständig waren. In Mark umgerechnet, ist das Ergebnis der französischen Spende folgendes: Gezeichnet wurden 3763200 M., davon tatsächlich eingezahlt 3252000 M. Bemerkenswert ist noch, daß die deutsche Sammlung, die viel später eingesetzt hat und viel früher geschlossen worden ist, als die französische, in der kürzeren Zeit doch beinahe das Doppelte der französischen Sammlung ergeben hatte. Außerdem wurden in der im März 1913 veröffentlichten deutschen Wehrvorlage für Zwecke der Luftschiffahrt außer den in einem Nachtragsetat geforderten 20 Millionen noch weitere 79 Millionen M. als einmalige Quote gewünscht.

Dritter Teil.

Die Luftfahrschaden-Versicherung im gegenwärtigen Kriege.

1. Abschnitt.

Vorläufer der Deckung der Kriegsfliegerschäden.

Mit den ersten Kriegserklärungen hat sich im August 1914 das gesamte Luftfahrwesen in den Dienst des Vaterlandes

1) Köln. Zeitung 1913, v. 7. März.

gestellt, und damit ist auch bis auf weiteres das Interesse an der bis dahin versuchsweise gepflegten Luftfahrschaden-Versicherung erloschen. Ganz ruhen aber sollte auch diese nicht, vielmehr beschäftigten sich die Versicherungsgesellschaften mit dem Plane der Einführung einer Kriegs-Luftfahr-Schäden-Versicherung, wodurch hauptsächlich die durch feindliche Fliegerangriffe (Bombenwürfe) entstandenen Sach- wie auch Personalschäden vergütet werden sollten.

Nach § 35 des Reichsgesetzes über die Kriegsleistungen von 1873 sind allerdings ohne Zweifel die durch Bombenwürfe entstandenen Schäden denjenigen Schäden zuzurechnen, die nach Kriegsende durch ein besonderes Reichsgesetz über die Feststellung und den Ersatz der Schäden geregelt werden werden. Aus diesem Grunde sind bis Mitte 1915 die meisten deutschen Feuerversicherungsgesellschaften den wenigen aus den Kreisen des Publikums an sie herangetretenen Anträgen auf Versicherung ablehnend gegenübergestanden. Da jedoch in vielen Fällen sofortiger Schadenersatz im Allgemeininteresse rätlich erschien, traten auch die Feuerversicherungsgesellschaften dem Verlangen allmählich näher.

Der Gedanke stellte an und für sich schon ein versicherungstechnisches Kuriosum dar, da die infolge von Kriegshandlungen angerichteten Schäden von der Feuer-, Einbruchdiebstahl-, Unfallhaftpflicht-, Lebens- und anderen Versicherungszweigen im Prinzip von der Versicherung ausgeschlossen sind. Nur durch Erfüllung besonderer Bedingungen können je nach Sachlage auch diese in Deckung gegeben werden. In vaterländischem Interesse hatten sich jedoch einige Gesellschaften entschlossen, die von der Versicherungstechnik bis dahin streng befolgten Prinzipien zu durchbrechen; ja, im entgegengesetzten Sinne dieser das Kriegsrisiko für Luftfahrschäden ausdrücklich zu decken. Maßgebend für dieses Vorgehen waren außer dem soeben erwähnten Grunde die zahlreichen feindlichen Fliegerangriffe auf unbefestigte deutsche Städte. Im Verlaufe des Krieges wurden Städte, wie Freiburg i. B., Karlsruhe i. B., Friedrichshafen, Ludwigshafen a. Rh.,

Stuttgart, Saarbrücken, Offenburg, Oberndorf usw. von feindlichen Fliegern angegriffen.

Nach dem am 27. Mai 1915 von 18 französischen Flugzeugen auf Ludwigshafen a. Rh. und Mannheim erfolgten Angriff kam die Frage der Deckung derartiger Kriegsschäden ernstlich in Fluß, zumal man angeblich erfahren haben wollte, daß mit diesem neuen Versicherungszweig in England angesichts der hohen Prämien vorteilhafte Ergebnisse erzielt worden seien. Naturgemäß sind die letztgenannten Erfahrungen in dem Kopf erfindungsreicher Berichterstatter entstanden. Tatsächlich wurde bis dahin die Versicherung derartiger Schäden seit Kriegsbeginn nur von einigen Transportversicherungsgesellschaften sowohl für land- wie auch flußwärts versandte Güter gepflegt. Die Versicherung konnte aber nicht allein, sondern nur in Verbindung, als Ergänzung der eigentlichen Versicherung gegen Transportunfälle abgeschlossen werden. Auch die Deutsche Rückversicherungs-A.-G. handhabte diese Versicherung in der angegebenen Weise. Die diesbezügliche Deckungsklausel lautete: „Diese Versicherung deckt auch die Folgen der unmittelbaren Kriegsgefahr, bestehend in Wegnahme, Beschädigung oder Zerstörung der versicherten Ware durch feindliche Mächte, insbesondere durch Zerstörung des Bahnkörpers und dadurch entstehende Schäden, Vernichtung oder Beschädigung durch Geschosse, auch solche von Flugfahrzeugen herrührend, und sonstige direkte Beschädigungen und Zerstörungen durch Feindeshand."

Außer der Transportversicherung deckte auch eine Anzahl öffentlich-rechtlicher Feuerversicherungsanstalten (Sozietäten) kraft ihrer Statuten von jeher in vollem Umfange oder mit Beschränkungen Kriegsschäden, so daß auch von diesen die durch Flieger- oder Luftfahrzeugbomben angerichteten Schäden mitversichert waren. Hier stellt sich der Sachverhalt, wie folgt[1]:

Königreich Bayern. Schäden durch militärische Anordnungen sind nach § 37 des bayerischen Brandversicherungs-

1) Mitteilungen für die öffentlichen Feuerversicherungsanstalten 1915, S. 337.

gesetzes zwar mitversichert, werden jedoch nur mit einem Drittel entschädigt; Trümmerschäden durch Sprengmittel (also auch Bomben) sind nur im Falle besonderer Explosionsversicherung gegen einen Zuschlag von 20 Pf. auf 1000 M. Versicherungssumme versichert. Der Versicherung der übrigen zwei Drittel der Schäden durch Bombenwürfe bei anderen Versicherern stets nichts entgegen.

Königreich Sachsen. Die Versicherungsanstalt für das Königreich Sachsen versichert in der Abteilung für Gebäudeversicherung (Zwangsversicherung nach der Fassung des Gesetzes vom 1. Juli 1910) Kriegsschäden jeder Art, also auch die zur Erörterung stehenden Schäden mit, und zwar ohne Sonderbeitrag. Bei der Abteilung für Mobiliar- (Fahrnis-)Versicherung (ohne Versicherungszwang) gilt bei Maschinen-Brandversicherungen mit Schätzung, soweit sie unter Ziffer 3 der Bestimmungen II der Vorschriften fallen, das gleiche wie für Gebäudeversicherungen, im übrigen gilt aber für Kriegsschädenversicherungen die Bestimmung 4 der Vorschriften in Verbindung mit Absatz II, Ziffer 2, § 1 AVB. — Kriegsschäden können hiernach nur gegen Sonderzuschläge besonders versichert werden. Seit Kriegsbeginn belaufen sich diese Sonderbeiträge für die Dauer des Krieges auf 1,5 pro mille für Hausfahrnis, Versicherungen öffentlicher Körperschaften, Kleingewerbe, Handelsgeschäfte und ähnliches, und auf 2 pro mille für Industrie.

Königreich Württemberg. Die Königl. Württembergische Gebäude-Brandversicherungsanstalt in Stuttgart haftet, und zwar ohne Zuschlag, gesetzlich für alle Explosionsschäden (abgesehen von Wasserdampfexplosionen), also auch für solche, die durch Fliegerbomben an versicherten Gebäuden entstehen; sie ersetzt derartige Schäden, wie Kriegsschäden überhaupt, ebenso wie die Königl. Bayerische Brandversicherungskammer, aber nur zu einem Drittel.

Großherzogtum Mecklenburg-Schwerin. Die Großherzogliche Dominial-Brandversicherungsanstalt in Schwerin vergütet zwar Kriegsschäden, doch erst, nachdem die dazu erforderlichen Gelder nach Ermessen des Ministeriums des Innern nach und nach aufgebracht werden konnten.

Herzogtum Sachsen-Altenburg. Die Landesbrandkasse in Altenburg haftet für Kriegsschäden wie für andere Brandschäden. Durch Brandbomben verursachte Brandschäden sind also regelmäßig mitversichert, durch Sprengstoffe verursachte Trümmerschäden aber nur, wenn die Versicherung sich auf Explosionsschäden durch Sprengstoffe erstreckt.

Freie Stadt Hamburg. Die Hamburger Feuerkasse haftet für jeden durch Fliegerbomben verursachten Schaden, auch für Trümmerschäden durch Fliegerbomben.

Auch die Feuersozietät für die Provinz Ostpreußen haftet in gewissem Umfange für Schäden aus Bombenwürfen.

* * *

In der Behandlung der Fliegerschäden-Versicherung nahm das Großherzogtum Baden gewissermaßen eine Sonderstellung ein. Gegenüber immer wieder auftauchenden Zweifeln über die Frage der Entschädigung von Fliegerschäden an Gebäuden durch die Großh. Gebäudeversicherungsanstalt, wurde erklärt [1]), ist die Uebernahme dieser Schäden auf die Gebäudeversicherungsanstalt nach den bestehenden Vorschriften des badischen Gebäudeversicherungsgesetzes ausgeschlossen.

Wegen der Versicherungsnahme gegen Fliegerschäden muß auf private Versicherungsunternehmungen hingewiesen werden, von denen einzelne neuerdings diesen Geschäftszweig aufgenommen haben. Inwieweit eine Entschädigung für Fliegerschäden auf das Reich nach dem Krieg stattfinden wird, wird seinerzeit, da es sich um Kriegsschäden der in § 35 des Kriegsleistungsgesetzes genanten Art handelt, durch ein Spezialgesetz bestimmt werden.

Hinsichtlich der Gewährung von Vorentschädigungen aus der badischen Staatskasse für Fliegerschäden

1) Karlsruher Zeitung, Staatsanzeiger für das Großherzogtum Baden, 1915 vom 21. Juli, No. 196.

ist vom Ministerium des Innern in Uebereinstimmung mit den wegen Entschädigung von Kriegsschäden in Preußen und Elsaß-Lothringen ergangenen Anordnungen, soweit Sachschäden in Betracht kommen, folgendes bestimmt worden:

„1. Für Fliegerschäden an beweglichem und unbeweglichem Eigentum werden auf den bei dem Bezirksamt zu stellenden Antrag des Geschädigten Vorentschädigungen so weit gewährt, als dies zur Fortführung des Haushalts des landwirtschaftlichen Betriebes oder sonstigen Erwerbszweigen und zur Beschaffung der hierzu erforderlichen Geräte, Betriebsmittel und Zubehörstücke — also zur Abwendung einer wirtschaftlichen Notlage — unbedingt notwendig ist.

2. Allgemeine Erwerbsschwierigkeiten, die mit dem Kriege zusammenhängen, dürfen bei der Ermittelung des entstandenen Schadens nicht berücksichtigt werden.

3. Die Vorentschädigung muß hinter dem vorläufig zu ermittelnden Gesamtbetrage des Kriegsschadens zurückbleiben. Sie ist nicht auf einen bestimmten Bruchteil beschränkt. Den Geschädigten können als Vorentschädigungen Abschlagszahlungen auf die spätere endgültige Entschädigung so weit bewilligt werden, als sie deren zu den 1 erwähnten Zwecken bedürfen.

4. Die Vorendschädigung unterliegt der zwangsweisen Wiedereinziehung durch den Staat, soweit ihr Betrag nicht oder nicht in vollem Umfang zu den angegebenen Zwecken verwendet wird. Diese Verwendung ist seinerzeit nachzuweisen.

5. Die vorläufige Ermittelung des Fliegerschadens erfolgt stets vorbehaltlich der endgültig darüber auf Grund des § 35 des Kriegsleistungsgesetzes ergehenden reichsgesetzlichen Bestimmungen. Sie dient insoweit lediglich der Vorbereitung der endgültigen Feststellung und gibt dem Geschädigten keinen Rechtsanspruch auf endgültige Erstattung in dem geschätzten Umfang. Dies gilt selbstverständlich auch von den vorläufigen Schadensfeststellungen in denjenigen Fällen, in denen eine Vorentschädigung nicht in Betracht kommt.

6. Die Anweisung der Vorentschädigungen erfolgt durch das Ministerium des Innern.

Die Vorentschädigung für Schäden an Leib und Leben kommt nicht in Betracht, da auch in § 35 des Kriegsleistungsgesetzes eine spätere Entschädigung solcher Schäden nicht vorgesehen ist. Staatliche Unterstützungen an Personen, die eine Schädigung ihrer Gesundheit erlitten haben, oder an Angehörige von Getöteten können nur bewilligt werden, wenn das staatliche Eingreifen mangels des Eintretens der freiwilligen oder gemeindlicher Kriegshilfe zur Abwendung einer unmittelbaren Notlage und zur Vermeidung des Anheimfallens der betreffenden Person an die Armenpflege unbedingt geboten ist. Die Gewährung von fortlaufenden Entschädigungen (Renten und dergl.) oder die Gewährung von Abfindungen an Stelle solcher Entschädigungen ist ausgeschlossen."

2. Abschnitt.

Offizielle Aufnahme der Kriegs-Luftfahrschäden-Versicherung.

Obwohl sich die meisten privaten Feuerversicherungsgesellschaften bis Anfang Juli 1915 noch nicht endgültig und im Prinzip zur Uebernahme der Kriegs-Luftfahrschäden-Versicherung entschließen konnten, nahm mit dem 1. Juli 1915 die Stuttgart-Berliner Versicherungs-A.-G. wie auch die Frankfurter Allgemeine Versicherungs-A.-G. die Deckung derartiger Schäden auf; und zwar zunächst als besondere Abteilungen[1], da beide Gesellschaften durch Beschlüsse der Vereinigung der in Deutschland arbeitenden Privat-Feuerversicherungsgesellschaften behindert waren, im Anschluß an die Feuerversicherung solche Schäden zu decken.

Die Stuttgart-Berliner Versicherungs-A.-G. gibt der Versicherung die Bezeichnung „Versicherung gegen Schäden durch Luftfahrzeuge". Die Gesellschaft ersetzt den Schaden, der an den versicherten Sachen dadurch

1) Berliner Börsen-Courier 1915, 25. August, No. 396.

entsteht, daß Explosionskörper oder sonstige Gegenstände aus einem Luftfahrzeug herabgeworfen werden oder herabfallen, oder dadurch, daß das Luftfahrzeug selbst oder Teile und Zubehör desselben herabstürzen, oder dadurch, daß das Fahrzeug eine freiwillige oder unfreiwillige Landung vornimmt. Schäden an den versicherten Sachen, die darauf zurückzuführen sind, daß fremde, durch den gegenwärtigen Versicherungsschein nicht versicherte Sachen einen der bezeichneten Schäden erleiden, und daß dessen Wirkung auf die versicherten Sachen übergreifen, sind durch die Versicherung mitgedeckt. Die Versicherung gewährt nur Ersatz des reinen Sachschadens; ein etwa auf den Sachschaden zurückzuführender Gewinnentgang ist nicht Gegenstand der Versicherung.

Der Versicherer haftet für den Schaden an einer versicherten beweglichen Sache nur insoweit, als die Sache von dem Schaden in ihrem im Versicherungsschein angegebenen Versicherungsraum betroffen wird. Als Gefahrerhöhung gilt es, wenn auf dem Grundstück, auf dem sich die versicherten Sachen befinden, oder auf dem anstoßenden Nachbargrundstück ein Betrieb errichtet wird, in dem feuergefährliche Sachen gelagert oder verarbeitet werden, oder in welchen Lieferungen und Arbeiten für das Heer oder für die Marine ausgeführt werden.

Die Entschädigung ist nach dem Ablauf eines Monats seit dem Zeitpunkt fällig, in welchem der Schaden vollständig festgestellt ist. Wenn durch Legitimationsmängel oder durch gesetzliche Gründe die Auszahlung der Entschädigung gehindert wird, so ist die Gesellschaft vor Aufhebung des Hindernisses weder zur Hinterlegung noch zur Zahlung, auch nicht zur Vertretung der Folgen des Zahlungsaufschubs verbunden. Wenn versicherte Sachen vor dem Versicherungsfall mit Hypotheken, Reallasten, Grund- oder Rentenschulden belastet sind, so wird die Entschädigung nur zur Wiederherstellung gezahlt; der Versicherungsnehmer kann die Zahlung erst verlangen, wenn die bestimmungsmäßige Verwendung des Geldes gesichert ist, es sei denn, daß die Realgläubiger in die unbedingte Zahlung willigen. Im übrigen finden die Bestimmungen des Versicherungsvertragsgesetzes §§ 99—107 sinngemäße Anwendung. Die Gesellschaft kann zum Nachweis dafür, ob und inwieweit das versicherte Gebäude belastet ist, von dem Versicherungsnehmer auf seine Kosten einen Grundbuchauszug verlangen.

Aus dem Prämientarif geht hervor, daß der Versicherungsabschluß in der Regel auf 3 Monate erfolgt; die nachgenannten Prämiensätze verstehen sich für dreimonatige Versicherungsdauer und sind auch bei kürzerer Versicherungsdauer zu berechnen.

Die Prämien sind Mindestprämien: sie gelten nur für den Fall, daß keine besonderen gefahrerhöhenden Umstände vorliegen. Als gefahrerhöhend gilt z. B. die Nachbarschaft von Objekten, die für Flieger einen besonderen Anreiz bieten, wie Munitionsfabriken, Automobilfabriken, Kasernen, Gasanstalten u. dgl. bis zu einer Entfernung von 500 Meter; für die Tarifierung solcher Objekte mit gefahrerhöhender Nachbarschaft ist jeweils bei der Direktion unter Angabe genauer Daten und Vorlage einer Planskizze, in der die Entfernungen eingetragen sind, anzufragen.

Bruchteilversicherung ist nicht zulässig; der Prämienberechnung ist der volle Feuerversicherungswert zugrunde zu legen. Doch können folgende Höhenrabatte gewährt werden. Bei einer Versicherungssumme von

von	101 000	M. bis	250 000	M.	10	Proz.
„	251 000	„ „	500 000	„	15	„
„	501 000	„ „	750 000	„	25	„
„	751 000	„ „	1 000 000	„	25	„
über	1 000 000	„			30	„

Für die Tarifierung werden drei Gefahrenkreise gebildet: Gefahrenkreis I: Elsaß-Lothringen, von Baden und Württemberg die Städte Freiburg, Friedrichshafen, Rottweil, Oberndorf mit je einem Umkreis von 5 km Durchmesser. Gefahrenkreis II. Baden mit Ausnahme der Stadt Freiburg, das Großherzogtum Hessen, die Rheinprovinz, Westfalen, Hannover, Oldenburg, das Gebiet der Hansastädte, Schleswig-Holstein, Schlesien, Posen, Ost- und Westpreußen. Gefahrenkreis III: das übrige Deutschland.

Prämien für 3 Monate.

a) Gebäude:

	Gefahrenkreis I	II	III
1. Munitionsfabriken, Pretroleum- und Benzinlager	ausgeschlossen	Prämienfestsetzung von Fall zu Fall	
2. Objekte innerhalb des Bereiches von Festungswerken, Waffenfabriken, Werften, Betriebe mit Verarbeitung oder Lagerung feuergefährlicher Stoffe	10 Prom.	6 Prom.	4 Prom.
3. Betriebe von Militärlieferungen die nicht unter 2 fallen, sowie sonstige Betriebe aller Art	3 „	$1^1/_2$ „	1 „
4. Alles übrige (Wohnhäuser, Villen u. dgl.)	2 „	1 „	$^1/_2$ „

b) Gebäudeinhalt:

1. Für den Inhalt der unter Ziffer 1—3 genannten Gebäude ist die Prämie die gleiche wie für die Gebäude selbst.

2. Für den Inhalt der unter Ziffer 4 genannten Gebäude kommt die halbe Gebäudeprämie in Ansatz.

Die allgemeinen Versicherungsbedingungen der Frankfurter Allgemeinen Versicherungs-Aktien-Gesellschaft entsprechen im großen ganzen denen der Stuttgart-Berliner Gesellschaft, nur stellen sich die Prämien etwas niedriger. Im Tarif fordert die Gesellschaft für 3-monatige Versicherung für Gebäude:

	Gefahrenkreis I	II	III
1. Munitionsfabriken, Petroleum- und Benzinlager	ausgeschlossen	Prämienfestsetzung von Fall zu Fall	
2. Objekte innerhalb des Bereiches von Festungswerken, Waffenfabriken, Werften, Betriebe mit Verarbeitung oder Lagerung feuergefährlicher Stoffe	$7^1/_2$ Prom.	$4^1/_2$ Prom.	3 Prom.
3. Betriebe mit Militärlieferungen, die nicht unter 2 fallen, sowie sonstige Betriebe aller Art	$2^1/_4$ „	$1^1/_4$ „	$^3/_4$ „
4. Alles übrige (Wohnhäuser, Villen u. dgl.)	$1^1/_2$ „	$^2/_3$ „	$^1/_3$ „

Für Versicherungen von längerer als 3-monatiger Dauer berechnet die Gesellschaft bei 6 Monaten das $1^1/_2$-fache, bei 9 Monaten das $1^3/_4$-fache, bei 12 Monaten das Doppelte obiger Sätze. Geht der Krieg vor Beendigung der Versicherungsdauer zu Ende, so ist trotzdem die Prämie verfallen.

Beträgt der Feuerversicherungswert der Versicherungsgegenstände mindestens 30000 M., so gewährt die Gesellschaft auch Bruchteilversicherung, wobei sie folgende Rabatte gewährt:

Bei 1/3	Bruchteilversicherung,	die von	30 000	M. an	zulässig	ist, . .	30 Proz.
„ 1/4	„	„ „	120 000	„ „	„	„ . .	35 „
„ 1/5	„	„ „	150 000	„ „	„	„ . .	40 „
„ 1/10	„	„ „	300 000	„ „	„	„ . .	50 „
„ 1/20	„	„ „	2 000 000	„ „	„	„ . .	60 „

Das Vorgehen der „Stuttgart-Berliner" und der „Frankfurter Allgemeinen Versicherungs-Gesellschaft" blieb nicht ohne Einfluß auf die übrigen in Deutschland arbeitenden Feuerversicherungsgesellschaften. Denn noch kaum war die Aufnahme der Kriegs-Luftfahrschäden-Versicherung beider Gesellschaften bekannt, als auch schon Mitte Juli 1915 eine Notiz durch die deutsche Tagespresse ging, nach der sich die meisten Privat-Feuerversicherungsgesellschaften entschlossen hatten, auf Wunsch ihrer Versicherungsnehmer die vorläufig als begrenzt erscheinende Gefahr der Fliegerschäden durch eine besondere Vereinbarung in die Feuerversicherung einzuschließen.

Dieser Erklärung folgte Anfangs August 1915 eine weitere offizielle, in der prinzipiell die Pflege der neuen Versicherungsart ausgesprochen wurde. Die meisten deutschen Feuerversicherungsgesellschaften, wurde seitens der „Vereinigung der in Deutschland arbeitenden Privat-Feuerversicherungs-Gesellschaften" erklärt, gewähren jetzt auch Versicherungsschutz gegen Explosions- und Brandschäden, die durch Bombenwürfe und Beschießung von Fliegern und Luftfahrzeugen entstehen. Das gilt insbesondere von fast allen 48 Gesellschaften, welche der Vereinigung angehören. Diese Gesellschaften übernehmen die Haftung für solche Schäden in der für die Versicherungsnehmer einfachsten Art indem die Ausdehnung der Haftung für diese Schäden zu der Feuerversicherung bescheinigt wird. Die Prämien, welche diese Gesellschaften für die Uebernahme dieser Haftung berechnen, ist eine mäßige, da es sich bei ihnen nicht darum handeln soll, hiermit besondere Geschäfte zu machen, sondern darum, in dieser außergewöhnlichen Zeit einer etwaigen Beunruhigung der Bevölkerung Rechnung zu tragen.

Die „Vereinigung" schrieb hierzu: „Von erheblichen Sachschäden durch Flieger und Luftfahrzeuge hat man noch nicht gehört, auch wird die umsichtige Heeresleitung es an wirksamen Abwehrmaßnahmen gegen Fliegerangriffe nicht fehlen lassen. Zudem ist grundsätzlich durch Reichsgesetz ein Ersatz solcher Kriegsschäden durch das Reich nach Maßgabe eines zu erlassenden Spezialgesetzes in Aussicht genommen. Jedenfalls aber halten es die meisten deutschen Feuerversicherungsgesellschaften nicht für angebracht, in dieser Zeit etwa durch eine geschäftliche Propaganda für die Versicherung gegen Fliegerschäden vielleicht ganz unbegründete Beunruhigung in die Bevölkerung hineinzutragen" [1]).

Ganz genau legte die „Vereinigung der in Deutschland arbeitenden Privat-Feuerversicherungs-Gesellschaften" ihren Standpunkt in dieser Frage in der am 10. November 1915 in München abgehaltenen Generalversammlung dar. Es wurde geschrieben [2]): „Hinsichtlich der Versicherung gegen Schäden durch Bombenwürfe und Geschosse von Fliegern oder Luftfahrzeugen billigte die Generalversammlung die seit dem Juli vom Ausschuß getroffenen Maßnahmen wegen des Einschlusses der Haftung für diese Schäden auf Grund der allgemeinen Versicherungsbedingungen. Insbesondere stimmte die Generalversammlung dem von vornherein vom Ausschuß aufgestellten Grundsatz zu, daß es sich bei der Aufnahme der sogenannten Fliegerschädenversicherung nur darum handelt, einem etwaigen Bedürfnis und einer etwaigen Beunruhigung des Publikums in außergewöhnlicher Zeit entgegenzukommen, ohne daß dadurch der Standpunkt der Vereinigung fallen gelassen wird, wonach die Mitversicherung von Kriegsschäden nicht Gegenstand der Feuerversicherung sein kann. Ebenso entsprach es der Auffassung der Generalversammlung, daß von vornherein erklärt worden war, daß die Gesellschaften für die Uebernahme der besonderen Haftung für Fliegerschäden keine Werbetätigkeit ein-

1) Deutsche Versicherungs-Zeitung 1915, vom 5. August, No. 57.

2) Deutsche Versicherungs-Zeitung 1915, vom 30. Dezember, No. 96.

treten lassen, vielmehr die Versicherungsnehmer tunlichst darauf aufmerksam machen, ob für sie wirklich Veranlassung bestehe, sich durch Versicherung gegen die besondere Gefahr zu schützen, namentlich in Rücksicht auf den Umstand, daß grundsätzlich eine Ersatzleistung durch das Reich vorgesehen ist. Das Publikum hat gegenüber der Fliegerschädengefahr eine durchaus besonnene Haltung bewahrt, so daß bisher bei den meisten Vereinigungsgesellschaften die Zahl der Abschlüsse eine gerinfügige war und einige Gesellschaften überhaupt von der Aufnahme dieses Versicherungszweiges absahen."

Gleichzeitig hat sich auch die Mehrzahl der öffentlich-rechtlichen Feuerversicherungsanstalten in Deutschland entschlossen, derartige Luftfahrschäden entsprechend in Deckung zu nehmen.

An Prämie wurde im allgemeinen erhoben: Für industrielle Versicherungen, die der Abmachung unterliegen (also von 100 000 M. an aufwärts), oder welche den Mindesttarifen unterstehen, mindestens die Hälfte des Feuerversicherungsbeitrages. Bei allen sonstigen Versicherungen mindestens $^1/_4$ des Feuerversicherungsbeitrages, jedoch nicht weniger als $^1/_4$ Prom. Für Elsaß-Lothringen ist die Festsetzung der Prämiensätze der Tarifvereinigung für Elsaß-Lothringen vorbehalten, im übrigen ist für besondere Arten von Risiken sowie die durch diese gefährdete Nachbarschaft eine entsprechende Erhöhung obiger Sätze vorbehalten. Regelmäßig greift eine solche für Versicherungen im Großherzogtum Baden und der bayerischen Rheinpfalz Platz. Hier wird das Doppelte der obigen Beitragssätze verlangt.

Besonderer Reichsstempel für die entsprechende Erweiterung bestehender Versicherungen ist nicht erforderlich.

Die Versicherung wird, wie bereits eingangs erwähnt, nur gewährt, um einer Beunruhigung der Versicherungsnehmer wegen Fliegerschäden vorzubeugen, und es werden deshalb die Vereinigungsgesellschaften sowohl, wie die öffentlichen Anstalten von einer besonderen Werbetätigkeit für die Versicherung gegen Fliegerschäden absehen[1]).

1) Mitteilungen für die öffentlichen Feuerversicherungsanstalten 1915, S. 338.

Der „Deusche Allgemeine Versicherungs-Verein a. G." nimmt auch die durch Fliegerbomben veranlaßten Unfallschäden in Deckung, indem er seine gewöhnliche Unfallhaftpflicht erweitert. Die Prämie stuft sich je nach der Nähe des feindlichen Gebietes in Sätzen von 2 M., 1 M., 0,40 M. für je 1000 M. Tod und 1 M., 0,50 M., 0,20 M. für je 1000 M. Invalidität und ebenso viel für je 1 M. Taggeld ab.

Für Personen in Munitions- und Waffenfabriken sowie auf Werften ist der Satz auf das Doppelte festgesetzt, was nicht unbillig ist. Dafür umfaßt die Versicherung nicht nur Unfälle, welche der Versicherte dadurch erleidet, daß Explosionskörper (z. B. Fliegerbomben) oder sonstige Gegenstände (z. B. Fliegerpfeile) aus einem Luftfahrzeug herabgeworfen werden oder herabfallen (oder das Luftfahrzeug selbst herabstürzt oder eine Landung vornimmt, sondern deckt auch Körperschäden, die durch Abwehrmaßregeln gegen feindliche Luftschiffe hervorgerufen werden.

In dem Geschäftsbericht für 1914 spricht sich das Kaiserliche Aufsichtsamt für Privatversicherung über die Pflege der Luftfahrschäden-Versicherung folgendermaßen aus: „Zwei Gesellschaften wurden im Berichtsjahre die allgemeinen Bedingungen für diese Versicherung genehmigt, nachdem sie die geschäftsplanmäßige Erklärung abgegeben hatten, daß sie diese Versicherungsart nicht planmäßig, sondern nur gelegentlich betreiben wollen. Mit Aufnahme dieses Betriebes beabsichtigen die Gesellschaften unter Ausschluß der Anwendung des § 84 VVG. in erster Linie, die durch feindliche, daneben auch die durch alle sonstigen Luftfahrzeuge verursachten Sachschäden zu ersetzen. Die gegen die Genehmigung bestehenden Bedenken glaubte das Amt zurückstellen zu sollen in der Erwägung, daß unter den gegenwärtigen Kriegsverhältnissen ein Bedürfnis nach sofortiger Gewährung einer solchen Versicherung besteht. — Es wird abzuwarten bleiben, welche Ergebnisse dieser aus den Kriegsverhältnissen geborene neue Zweig der Sachschädenversicherung, für den noch keinerlei Erfahrungen vorliegen, zeitigen wird. Mit einigen anderen Gesellschaften schweben noch Verhandlungen wegen Aufnahme der Versicherung gegen Schäden durch Luftfahrzeuge."

Einige deutsche Generalkommandos nahmen zu der Luftfahrschäden-Versicherung insofern Stellung, als ihnen die in den Antragbogen an die Versicherten gestellten Fragen nicht einwandfrei erschienen. Im Interesse der öffentlichen Sicherheit verbot z. B. das stellvertretende Generalkommando des 7. Armeekorps, bei Versicherung gegen Schäden durch Luftfahrzeuge aller Art von den Antragstellern Angaben über die Lage der zu versichernden Gegenstände zu Schießbedarffabriken, Kasernen, Gasanstalten, Petroleum- und Benzinläger, Festungswerken, Werften, Kraftwagen- und Waffenfabriken usw. schriftlich oder mündlich zu verlangen, oder durch Agenten und Angestellte verlangen zu lassen. Auch die Einforderung von Plänen, aus welchen die Lage der bezeichneten Fabriken und militärischen Bauten ersichtlich ist, wurde verboten. Zuwiderhandlungen wurden mit Gefängnis bis zu einem Jahre bedroht, sofern nicht nach den allgemeinen Strafbestimmungen höhere Strafe verwirkt ist.

Auch im Bereich des 13. und 18. Armeekorps ist der Abschluß von Versicherungen gegen Schäden durch Fliegerbomben gänzlich untersagt worden. Die Bekanntmachung des stellvertretenden Kommandierenden Generals des 13. Armeekorps lautete, wie folgt:

„Der Betrieb der Versicherung gegen Schäden durch feindliche Luftfahrzeuge wird auf Grund des § 9 Bubstabe b des Gesetzes über den Belagerungszustand vom 4. Juni 1851 in Verbindung mit Artikel 68 der Verfassung des Deutschen Reiches untersagt, weil dieser Versicherungsbetrieb Ermittelungen und Anzeigen voraussetzt, die den militärischen Interessen widerstreiten.

Die bestehenden Versicherungsverhältnisse und ihre Fortsetzung auf Grund der bisherigen Bedingungen werden durch dieses Verbot nicht berührt."

3. Abschnitt.

Die Kriegs-Luftfahrschäden-Versicherung in Oesterreich-Ungarn.

In Oesterreich-Ungarn hat die „Erste Oesterreichische Versicherungs-Gesellschaft gegen Einbruch“ die neue Versicherungsart aufgenommen. Im übrigen bildet die Versicherung durch Erweiterung bestehender Feuerversicherungen die Regel. Gewöhnlich wurde eine Dreiteilung der Gefahrenbezirke vorgenommen und zwar, wie folgt:

Gefahrenkreis I. Nord-Bukowina, Ost-Galizien bis zur Dunajeclinie, Süd-Tirol bis zum Brenner, Süd-Kärnten, bis zur Draulinie, Görz, Gradiska, Triest, die ganze istrianische, kroatische und dalmatinische Küste (Fiume), Herzegowina, Süd- und Ost-Bosnien einschließlich Serajewo, Syrmien.

Gefahrenkreis II. Vorarlberg, Innsbruck, Nord-Kärnten, Krain, Süd-Steiermark, bis zur Draulinie, Kroatien, Slavonien, Süd-Ungarn, West-Galizien, Ost-Schlesien, Nord-Ungarn, Süd-Bukowina, Nordwest-Bosnien, das Innere von Istrien und Dalmatine.

Gefahrenkreis III. Die übrigen Gebiete Oesterreich-Ungarns.

Die Prämien für eine Versicherungsdauer von 3 Monaten betragen:

a) Gebäude:

	I	II	III
1. Munitionsfabriken, Petroleum- und Benzinlager	ausgeschlossen	Prämienfeststellungen von Fall zu Fall	
2. Objekte innerhalb des Bereiches von Festungswerken, Waffenfabriken, Werften, Fabriken mit Verarbeitung oder Lagerung feuergefährlicher Stoffe	15 Prom.	9 Prom.	6 Prom.
3. Betriebe von Militärlieferungen, sofern sie nicht unter 2 fallen, sowie sonstige Betriebe aller Art	4 „	$4^1/_2$ „	$1^1/_2$ „
4. Alles übrige (Wohnhäuser, Villen usw.)	3 „	$1^1/_2$ „	$^3/_4$ „

b) Gebäudeinhalt:

1. Für den Inhalt der unter Ziffer 1—3 genannten Gebäude ist die Prämie die gleiche wie für die Gebäude selbst.

2. Für den Inhalt der unter Ziffer 4 genannten Gebäude kommt die halbe Gebäudeprämie in Ansatz.

Bei gefahrerhöhender Nachbarschaft im Umkreise von ungefähr 500 m, als Munitionsfabriken, militärische Bauten, Gasanstalten und andere Anlagen, die für Flieger einen besonderen Anreiz bieten, können sich die obigen Sätze noch entsprechend erhöhen.

Vierter Teil.

Die Kriegs-Luftfahrschäden-Versicherung in England.

Die Furcht Englands vor einer „deutschen Luftinvasion" war schon lange vor Kriegsausbruch sprichwörtlich bekannt. England hatte ja schon im tiefen Frieden von Zeit zu Zeit von einem deutschen Luftflottenbesuch geträumt. Nun aber sollte es wahr werden. Die erfolgreichen Angriffe der deutschen Marineluftschiffe gegen die englische Ostküste Anfangs 1915 und der Besuch Londons Ende Mai 1915 gaben in England den ersten, ausschlaggebenden Anstoß zur Förderung der Einführung der Luftfahrschäden-Versicherung. Zunächst bemächtigte sich die englische Versicherungsfach-, wie auch die Tagespresse des Gedankens [1]), indem die Frage teils in polemischen, teils in Fachartikeln behandelt wurde. Auch führten einige große Tageszeitungen auf eigene Rechnung die Versicherung, ungefähr nach dem Muster der deutschen Zeitungsabonnenten-Versicherung ein. Das Wort führten die „Times", „Morning Post", „Daily News", „Daily Mail" u. a.

In England wurde schon mit Kriegsausbruch das Luftfahrschaden-Risiko gedeckt und zwar zur Hauptsache von der Lloyds-Versicherungsbörse. Im September 1914 war die Prämienrate noch sehr mäßig; sie belief sich auf 1 sh für 100 £. Als sich aber die Luftangriffe häuften, und die Furcht der englischen Bevölkerung und Geschäftswelt erheblich stieg, schnellten auch die Prämiensätze ganz enorm in die Höhe; An-

1) Mitteilungen f. d. öffentl. Feuervers.-Anstalten 1915, No. 15/16.

fangs November 1914 wurden für eine Jahresversicherung von 100 £ bereits $7^1/_2$ sh bezahlt.

Ende Mai 1915 gab die „British Dominions Assurance Company" bekannt, daß eine Prämie von 5 sh für 100 £ jährlich für ihre Luftfahrschäden-Versicherung zu zahlen sei. Dadurch sei jeder Schaden gedeckt, der durch Bomben, Granaten, Feuer und (oder) Explosionen infolge von Luftschiffangriffen, sowie durch Abwehrkanonen oder andere Verteidigungsmaßregeln verursacht werde.

Da im allgemeinen jedoch die für die Deckung hauptsächlich in Betracht kommenden Feuerversicherungsgesellschaften zum größten Teil eine ablehnende Haltung einnahmen, drang die Oeffentlichkeit auf Deckung der Risiken durch den Staat. Die englische Regierung hatte sich daher der Lösung der Frage alsbald angenommen. Mitte Juni 1915 erklärte der englische Premierminister im Unterhause, daß die Regierung die Möglichkeit in der Verwirklichung eines Planes der Sachversicherung gegen Kriegsgefahren in Erwägung ziehe. Es war aber nicht die Absicht der Regierung, die Luftschiffversicherung zu monopolisieren. Wenn die geforderten Sätze zu hoch erschienen, konnten Lloyds oder die Versicherungsgesellschaften, die bisher das Geschäft betrieben, in die Bresche springen.

Ein von der englischen Regierung ernannter Ausschuß führender Versicherungsfachmänner brachte nach einiger Beratungszeit Grundsätze in Vorschlag, die auch die Genehmigung der Regierung fanden. Die wachsende Nachfrage nach Versicherungen und die hohen Beitragssätze, die auf dem beschränkten Markte bis dahin herrschten, hatten eine schwierige Lage geschaffen. Es war kaum möglich, in den Docks, in engbebauten Gegenden Londons, sowie an der Ostküste Versicherungsschutz zu erlangen. Kaufleute, die 1 £ oder sogar 1 £ 10 sh für 100 £ monatlich für Waren in den Docks zahlen mußten und die sie Mitte Juli 1915 für den Satz von 7 sh 6 d für 100 £ jährlich versichern mußten, Gebäudeeigentümer an der Ostküste, die jeden hohen, von Tag zu Tag wechselnden Satz annehmen mußten, begrüßten die neue Versicherungsmöglichkeit mit Befriedigung, denn die Sätze waren überall niedriger, und teilweise ganz erheblich niedriger, als alle bis Mitte Juli 1915 für solche Risiken gezahlten Sätze.

Mitte Juli 1915 wurde der Entwurf der Oeffentlichkeit bereits mitgeteilt. Dieser hat folgenden Wortlaut[1]):

Der von der englischen Regierung zur Prüfung der Frage einer staatlichen Versicherung gegen Schäden durch feindliche Luftfahrzeuge ernannte Ausschuß hat dem Handelsministerium folgenden Bericht erstattet:

1. Bei Beratung der uns vorgelegten Fragen sind wir davon ausgegangen, daß es im nationalen Interesse von der größten Wichtigkeit sei, falls die Regierung sich für eine staatliche Versicherung gegen Schäden durch Luftangriffe und Bombardement entscheiden sollte, die Versicherung unverzüglich ins Werk zu setzen. Wir waren daher genötigt, die Versicherungsbedingungen möglichst einfach zu gestalten, um nicht unsere Arbeiten ungebührlich in die Länge zu ziehen, und um die Verwirklichung des geplanten Systems ohne Schwierigkeiten und Verzögerungen möglich zu machen.

2. Unser Vorschlag beruht darauf, daß von den Eigentümern der versicherten Sachen ein angemessener Beitrag zur Deckung der Kosten und Schäden zu zahlen ist. Hierüber wird das Nähere im Abschnitt über Prämiensätze berichtet werden, aber hier mag gesagt sein, daß unsere Vorschläge auf der Annahme beruhen, daß es zwar möglich ist, Prämien zu nennen, die den Staat gegen Verlust durch Bomben auf Grund der jüngsten Erfahrungen schadlos halten, daß es aber nicht tunlich ist, Prämiensätze zu nennen, die den Staat gegen Verluste schützen, wenn bei einer Reihe feindlicher Luftangriffe in dichtbebauten Gegenden Brände ausbrechen sollten. Die Möglichkeit eines Angriffs mit so ernsten Folgen ist eine Sache, über die wir uns keine Meinung bilden können, und wir sind der Ansicht, daß der Staat ein solches Risiko tragen müßte.

3. Wir empfehlen, daß die Beitragssätze für alle Bezirke gleich sein sollen.

4. Was die Art und Weise betrifft, den Plan ins Werk zu

1) Mitteilungen f. d. öffentl. Feuervers.-Anstalten, 1915, S. 341 ff.

setzen, so schienen sich uns angesichts der großen Zahl der Versicherungen, die voraussichtlich abgeschlossen werden, zwei Wege zu bieten; entweder der, daß die Feuerversicherungsgesellschaften ihre gesamte Organisation der Regierung für diesen Zweck zur Verfügung stellen, oder der, daß die Versicherung mit Hilfe der Postanstalten betätigt würde. Der erstere Weg schien vor dem letzteren erhebliche Vorteile zu bieten, und wir wandten uns demgemäß an eine Anzahl der größeren Feuerversicherungsgesellschaften, um zu erfahren, wie sie sich zu einem solchen Vorschlage stellen würden. Wir stellten fest, daß von seiten der Gesellschaften nicht der Wunsch bestand, einen Teil des Risikos für sich zu behalten, wie es bei den gegenseitigen Kriegsversicherungsgenossenschaften der Fall war, und wir dürfen annehmen, daß eine hinreichend große Zahl von Feuerversicherungsgesellschaften bereit sein wird, für die Regierung die Policen zu zeichnen, die Beiträge einzuziehen und bei den Schadensregulierungen mitzuwirken.

5. Es wird auch erforderlich sein, ein besonderes staatliches Versicherungsbüro zu errichten, um die Tätigkeit der Feuerversicherungsgesellschaften, die als Agenten der Regierung auftreten, zu ergänzen.

I. Umfang der zu deckenden Gefahr.

6. Die Versicherung soll decken „den Verlust oder den Schaden, der durch Luftschiffe oder durch Bombenwürfe entsteht, insoweit als diese Gefahr nicht gedeckt wird durch die Bedingungen der gewöhnlichen Feuerversicherungspolice". Nach unseren Vorschlägen soll gedeckt werden der dem versicherten Eigentum zugefügte Verlust oder Schaden (mit Ausnahme des entgangenen Gewinns), herbeigeführt unmittelbar oder mittelbar durch die Gefahr, gegen die versichert ist, insoweit der Verlust oder Schaden nicht durch eine gewöhnliche Feuerversicherungspolice, die folgende Worte enthält, gedeckt ist: „Diese Police gewährt eine Versicherung gegen Verlust oder Schaden, der herbeigeführt wird durch feindlichen Einfall, durch Aufruhr, durch Volksaufstände oder durch militärische oder widerrechtlich angeeignete Gewalt."

7. Die Miete kann versichert werden, ebenso auch ein besonderer, dem Eigentum zugefügter Verlust oder Schaden.

8. Wir fanden es wünschenswert, die Versicherung gegen Bombardementsschäden wahlfrei zu machen. Wir haben daher zwei Policen in Vorschlag gebracht, eine gegen Schäden durch Luftschiffe und eine gegen Schäden durch Luftschiffe und Bombardement.

9. An Bord von Schiffen befindliche Waren sind durch die Seeversicherungspolice gedeckt. Es sind jedoch Fälle vorgekommen (wegen Anhäufung in gewissen Häfen), in denen die Haftung, welche die Seeversicherungspolice gewährt, zu Ende ging, ehe die Waren gelandet waren. Es gibt auch Fälle, in denen Hulks als Speicher für Waren dienen. Wir sind nach reiflicher Ueberlegung zu dem Schlusse gekommen, daß die Versicherung dieser Waren dem offenen Markte überlassen werden sollte. Die Zahl solcher Fälle wird nicht groß genug sein, um eine damit verbundene Kompliziertheit unseres vorgeschlagenen Systems zu rechtfertigen.

10. Aus einem ähnlichen Grunde empfehlen wir nicht, daß Schiffe auf den Hellingen versicherungsfähig sind.

11. Was Bombardementsschäden anbetrifft, so haben wir die Haftung beschränkt auf feindliche Kanonen, die noch nicht auf englischem Gebiete gelandet sind. Falls eine feindliche Streitmacht eine Landung in dem Vereinigten Königreiche vornehmen sollte, würde es unlogisch sein, den Verlust durch Bombardement und nicht auch jeden anderen Kriegsschaden zu ersetzen. Auch glauben wir nicht, daß die Regierung beabsichtigt, das Risiko eines feindlichen Einfalls in Deckung zu nehmen.

II. Abkommen mit den Versicherungsgesellschaften.

12. Wir bringen in Vorschlag, daß die Regierung ein Abkommen mit jeder anerkannten Feuerversicherungsgesellschaft treffen und diese ermächtigen sollte, Policen namens des Staates zu zeichnen und die hierauf fallenden Prämien einzuziehen. Wir empfehlen, dieses Abkommen auf möglichst viele aner-

kannte Gesellschaften auszudehnen, um das staatliche Versicherungsbüro zu entlasten.

13. Die Vereinbarung mit den Gesellschaften soll denjenigen Personen, die gegen Feuer bei einer anerkannten Gesellschaft versichert sind, die Möglichkeit gewähren, durch dieselbe Gesellschaft eine Police zu erlangen, die gegen Luftschiffe und (oder) Bombardement Schutz gewährt. Dies wird für die Versicherungsnehmer leicht zu verstehen sein und wird ferner das staatliche Versicherungsbüro befreien von der Herausgabe einer großen Zahl von Policen namentlich bezüglich der gewöhnlichen Wohnhäuser und deren Inhalt.

14. Mit Rücksicht darauf, daß die Gesellschaften ihre gesamte Organisation der Regierung zur Verfügung stellen, empfehlen wir eine Vergütung von 10 Proz. der Bruttoprämie an die Gesellschaften. Diese Vergütung hätte alle Unkosten für die mit der Ausfertigung der Policen, der Einziehung der Prämien und der Schadensfeststellung verbundenen Arbeiten zu decken, mit Ausnahme der Sachverständigengebühren, die von der Regierung zu zahlen wären.

15. Alle Entschädigungen werden endgültig vom staatlichen Versicherungsbüro festgesetzt und innerhalb 30 Tagen nach Anerkennung der Schadensansprüche in bar ausgezahlt.

16. Die Abrechnung zwischen der Regierung und den Gesellschaften erfolgt monatlich.

17. Wir betrachten die Vereinbarung, daß eine Gesellschaft, die sich dafür entschließt, als Agentin der Regierung in dieser Sache zu wirken, keine Risiken für eigene Rechnung in Versicherung nehmen darf, als wesentlich für den Schutz des Staates. Ohne diese Vereinbarung würde es den Gesellschaften freistehen, die guten Risiken für sich zu behalten und dem Staate nur die schlechtesten Risiken zu geben.

18. Die Gesellschaften werden wahrscheinlich unter sich ein Abkommen treffen, keine Luftschiffsversicherungen für die Regierung anzunehmen, wenn es sich um ein Eigentum handelt, das gegen Feuer bei einer anderen anerkannten Gesellschaft versichert ist.

19. Wir begreifen, daß Lloyds und vielleicht auch einige der Gesellschaften es vorziehen werden, diese Risiken für eigene Rechnung in Deckung zu nehmen. Dieser freie Markt wird einen sehr wichtigen Teil unseres Planes bilden, sowohl um eine Versicherungsmöglichkeit in den besonderen Fällen zu bieten, in denen die staatliche Versicherung versagt, als auch um die strengen Richtlinien eines einfaches Prämiensystems zu mildern.

III. Das staatliche Versicherungsbüro.

20. Das Abkommen mit den Versicherungsgesellschaften wird die erforderlichen Einrichtungen schaffen für die Versicherung desjenigen Eigentums, das gegen Feuer bei den Gesellschaften versichert ist, welche als Agenten für die Versicherung wirken wollen. Es ist aber auch notwendig, für dasjenige Eigentum zu sorgen, das gegen Feuer anderswo versichert ist, ferner für das Eigentum, das überhaupt nicht gegen Feuer versichert ist, und endlich für diejenigen Personen, welche es vorziehen, mit dem staatlichen Versicherungsbüro unmittelbar in Verbindung zu treten.

21. Wahrscheinlich würde gegen ein System Einspruch erhoben werden, wenn Personen, die bei Lloyds oder bei Gesellschaften versichert sind, welche nicht als Agenten für die Regierung wirken, sich wegen der Luftschiffsversicherung an die zugelassenen Gesellschaften wenden müßten. Wir sind deshalb der Meinung, daß es erforderlich sein wird, in London ein Staatsbüro zu errichten, bei dem Versicherungen abgeschlossen werden können. Dieses Büro sollte unter die Kontrolle eines Ausschusses von Sachverständigen gestellt werden, welcher aus Vertretern von Lloyds, den Feuerversicherungsgesellschaften, dem Schatzamt und dem Handelsministerium gebildet werden müßte, und welcher über die gesamte Geschäftstätigkeit des Büros eine allgemeine Staatsaufaufsicht zu führen hätte. Dem staatlichen Versicherungsbüro würde außer der Herausgabe von Policen die monatliche Abrechnung mit den Versicherungsgesellschaften und die endgültige Festsetzung der Entschädigungen obliegen, einerlei,

ob die Policen, auf Grund deren Ansprüche erhoben werden, von dem staatlichen Versicherungsbüro oder von den Gesellschaften gezeichnet sind.

22. Die Möglichkeit, die Festsetzung der Entschädigung bezüglich der von ihnen herausgegebenen Policen zu übertragen, wurde erwogen. Auch solches würde die Ernennung eines Regierungsvertreters in jedem Falle erforderlich machen, um die staatlichen Interessen wahrzunehmen, wie es bei der staatlichen Seeversicherung geschieht. Mit Rücksicht auf die große Zahl der Gesellschaften und den kleinen Teil ihres Geschäfts, der auf diesen besonderen Versicherungszweig entfällt, wurde solches aber untunlich erachtet. Es wird indes angenommen, daß die vorbereitenden Arbeiten, die mit der Ermittelung der Schadenshöhe verbunden sind, von den Gesellschaften für die Regierung ausgeführt werden können, und daß die Gesellschaften imstande sein werden, solches ohne Ueberlastung zu bewirken.

23. Das staatliche Büro befaßt sich nicht mit Rückversicherung.

IV. Agenten- und Maklerprovision.

24. Wir meinen, daß der Staat den Agenten der anerkannten Gesellschaften eine Provision zahlen sollte, und daß diese 5 Proz. der Bruttoprämie betragen müßte. Diese würde von den Gesellschaften für Rechnung der Regierung denjenigen zu zahlen sein, die das Geschäft anbahnen. Falls aber das Geschäft der Gesellschaft direkt zugeführt wird, sollte keine Provision gezahlt werden.

25. Eine Maklergebühr in Höhe von 5 Proz. der Bruttoprämie sollte in ähnlicher Weise vom staatlichen Versicherungsbüro den Agenten oder Maklern zugebilligt werden, jedoch nur einmal für jede Versicherung. Keine Maklergebühr wäre den Versicherten selbst zu zahlen.

V. Bewertung.

26. Die Frage der Bewertung macht Schwierigkeiten. Es erschien wünschenswert, wenn angängig, diejenigen Werte an-

zunehmen, zu denen das Eigentum gegen Feuer versichert ist, Bei vielen einer geringen Gefahr ausgesetzten Sachen besteht aber der Brauch, sie unter dem Wert zu versichern, weil die Versicherungsnehmer damit rechnen, daß die Gefahr der völligen Vernichtung für das Eigentum gering ist. Die Gebäudefundamente z. B. werden vom Feuer nicht völlig zerstört werden, sie können aber durch Luftschiffsbomben oder durch Granaten ernstlich beschädigt werden. Es genügt jedoch, wenn der Staat nach den Erfahrungen der Feuerversicherungsgesellschaften deren Beispiele folgt. Der große Vorteil der Einfachheit, wenn die Feuerversicherungssumme angenommen wird. wiegt den Prämienverlust infolge der Unterversicherung auf, und wir empfehlen daher, wo Eigentum gegen Feuer versichert ist, daß die Police sich nach der Feuerversicherungspolice richtet.

27. Es ist nicht möglich, darauf zu bestehen, daß das Eigentum stets für den Wert in der Feuerversicherungspolice versichert werden muß, weil erstens der Eigentümer vielleicht überhaupt nicht gegen Feuer versichtert ist, und zweitens, weil bei Gebäuden, wie schon erwähnt, die Fundamente nicht gegen Feuer versichert zu werden brauchen. Wenn das Eigentum nicht gegen Feuer versichert ist, so sollte der Versicherungswert von dem Eigentümer angegeben werden. Die Interessen des Staates sind auch bei einer Ueberversicherung gewahrt, denn die Police ist natürlich nur eine Schadensversicherungspolice, auf Grund deren der Versicherungsnehmer nicht mehr beanspruchen kann, als seinen wirklichen Schaden.

VI. Prämiensätze.

28. Was die Prämiensätze anbelangt, die zur Anwendung kommen sollen, so wurden wir von zwei Gesichtspunkten geleitet:

1) Größte Einfachheit,
2) angemessene Belastung des Versicherungsnehmers zwecks Deckung der Verluste.

29. Was den letzten Punkt anbetrifft, so glauben wir, daß die eingehende Prämiensumme, deren Höhe unmöglich voraus-

gesagt werden kann, wahrscheinlich die Kosten vereinzelter Zeppelinangriffe nach Art der bereits stattgefundenen decken wird. Die wirkliche Prämieneinnahme, namentlich in bezug auf Privatwohnhäuser nebst Inhalt, wird von der Häufigkeit, mit der diese Angriffe erfolgen, mitabhängen, denn die Erfahrung hat gezeigt, daß nach jedem Angriff sich ein großer Andrang zur Versicherungsnahme bemerkbar gemacht hat. Diese Summe dürfte aber nicht ausreichen, um diejenigen Verluste in dichtbebauten Gegenden, wie z. B. den Londoner Docks, zu ersetzen, die durch eine Reihe allgemeiner Brände im Anschluß an erfolgreiche Angriffe durch eine große Anzahl feindlicher Luftschiffe herbeigeführt werden könnten. Es ist nicht möglich, den Umfang solcher Ereignisse zu schätzen, da er von der Zahl der Luftschiffe abhängt, die der Feind zur Verfügung hat, von der Art der Verteidigung, sowie von anderen Faktoren, über die wir kein Urteil abgeben können.

30. Wenn es auch hinsichtlich des Maximums an staatlicher Haftung in bezug auf Luftschiff- und Bombardementsrisiken nicht möglich ist, vorher zu bestimmen, in welchem Umfange das Publikum von der angebotenen staatlichen Versicherung Gebrauch machen wird, so werden doch einige Zahlen, die sich auf den Gesamtbetrag beziehen, der gegen Feuer versichert ist, nützlich sein.

31. Die Feuerversicherungssumme in London betrug nach amtlicher Statistik für 1913 1 140 652 050 £. Hierzu kommen noch die Versicherungssummen für gewisse nahegelegene Gebiete, so daß die Feuerversicherungssumme Groß-Londons annähernd 1 300 000 000 £ betragen wird.

32. Die Gesamtfeuerversicherungssumme des Vereinigten Königreichs beläuft sich schätzungsweise auf 6 000 000 000 £ und die Prämieneinnahme auf 9 000 000 £; hiervon ist ein Teil bereits gegen Luftschiffsgefahren versichert, und es kann angenommen werden, daß ein Teil der Bevölkerung überhaupt nicht versichern will. Andererseits wird in einigen Fällen auch das Eigentum unter dem Wert versichert sein.

33. Wir überlegten, ob es möglich sei, die Prämie nach der Feuerversicherungsprämie zu bemessen, aber dies schien aus zweierlei Gründen nicht angängig. Erstens sind die Feuerprämiensätze kompliziert und gründen sich hauptsächlich auf die brennende Natur des versicherten Eigentums. Wenn die Art der versicherten Sache auf die Möglichkeit eines ausgedehnten Schadens nach einem Feuerausbruch auch von großem Einflusse ist, so kommt das gewöhnliche Feuerrisiko doch nicht in Betracht, wenn es sich darum handelt, die versicherte Sache absichtlich mittels einer Bombe aus einem feindlichen Luftschiff oder durch ein feindliches Wurfgeschoß in Brand zu setzen. Zweitens sind die von den Tarif- und Nichttarifgesellschaften und den Lloyds-Versicherungen erhobenen Prämiensätze nicht gleich. Wenn daher die Luftschiffsprämie sich in Prozenten nach der Feuerprämie richten sollte, so würden in der Prämienbemessung Ungleichheiten entstehen.

34. Sodann prüften wir die Möglichkeit, die Prämiensätze nach der Lage des versicherten Eigentums abzustufen. Dies erfordert jedoch die Festlegung von Gefahrenzonen im Vereinigten Königreich. Wenn es auch möglich wäre, die Ansicht zu vertreten, daß die Ostküste Englands feindlichen Angriffen in höherem Maße ausgesetzt ist als die Westküste, so erwies sich doch jeder Versuch einer wissenschaftlichen Zoneneinteilung als undurchführbar. Andererseits hatten wir das Gefühl, daß, wenn nur ein Prämiensatz für das ganze Land zur Deckung der Verluste sowohl durch Luftschiffe wie durch Bombardement bestände, viele Leute, die sich als verhältnismäßig sicher vor Angriffen fühlen, Veranlassung nehmen könnten, der Versicherung fern zu bleiben.

35. Wir empfehlen daher, dem Versicherungsnehmer zu überlassen, ob er gegen Bombardement versichern will, indem die Prämie für das erweiterte Risiko natürlich höher ist, als für Angriffe aus der Luft allein. Auf diese Weise wird eine Klasseneinteilung auf breiter Grundlage geschaffen, wobei anzunehmen ist, daß gegen das zweifache Risiko nur von Versicherungsnehmern aus dem Osten nach Südosten Englands Deckung genommen werden wird.

36. Die vorgeschlagenen Beitragssätze betragen:

	gegen Luftschiffe allein	gegen Luftschiffe u. Bombardement
	sh. d.	sh. d.
1. Gebäude nebst Inhalt, sowie Mieten. Privatwohnhäuser und Gebäude, in denen kein Handel oder Gewerbe betrieben wird	2,—	3,—
2. Alle anderen Gebäude und Mieten für dieselben	3,—	4,6
3. Landwirtschaftliche Vorräte und totes Inventar	3,—	4,6
4. Inhalt aller Gebäude, abgesehen von den unter 1 und 5 erwähnten	5,—	7,—
5. a) Waren in Docks, bei Spediteuren, in Warenhäusern, auf Höfen und auf der Bahn . .	7,6	10,—
b) Holz im Freien	"	"
c) Oeltanks	"	"

1. Die Versicherungen unter Klasse 5 können kurzlaufend zu folgenden Sätzen gedeckt werden: für 6 Monate zu $^3/_4$ der Jahresprämie, für 3 Monate zu $^1/_2$ der Jahresprämie, für 1 Monat zu $^1/_4$ der Jahresprämie.

2. Gebäude, Inhalt und Mieten sind besonders aufzugeben.

Die englische Regierung hat diese Vorschläge angenommen, und die staatliche Versicherung gegen Schäden durch Luftschiffe und Bombardement trat mit dem 21. Juli 1915 in Kraft.

Nach diesem Programm bedient sich somit die englische Staatsanstalt für die Versicherungen der bestehenden Versicherungsgesellschaften, von denen im ganzen etwa 50 als Agenten der Regierung ausersehen waren. Für die Mehrkosten, die durch die Verwaltung dieser Versicherung entstehen, erhalten die privaten Versicherungsunternehmungen eine Provision von 10 Proz. der Prämieneingänge.

Erst die Zeit wird lehren, ob diese Verquickung von Staats- und Privatversicherung im versicherungstechnischen Sinne eine passende Lösung der Frage war.

Ende 1915 unterbreitete der Generalpostmeister dem englischen Unterhause einen Vorschlag, nach dem alle Postämter in England verpflichtet sein sollen, Versicherungsverträge gegen Fliegerüberfälle bis zu 75 £ für Rechnung des Staates anzunehmen. Die Prämie soll 6 d pro Jahr für 25 £ Versicherungssumme betragen[1]).

* * *

1) Deutsche Versicherungs-Zeitung vom 16. Dezember 1915, No. 93

Von den privaten Versicherungsgesellschaften, die die Luftfahrschadenversicherung pflegten, ist „The London and Midland Insurance Co." zu nennen. Die Gesellschaft ließ Anfangs Oktober 1915 Prospekte versenden, in denen Versicherungen sowohl gegen Körperschäden, wie auch Sachschäden angeboten werden. Hinsichtlich der Körperschädigung wird bei einer Versicherungssumme von 500 £ eine Prämie von 5 sh für 6 Monate gefordert und zwar für den Todesfall, bei Verlust zweier Glieder, oder bei eintretender Blindheit, oder bei Verlust eines Gliedes und eines Auges infolge eines Luftangriffs. Bei einer Jahresprämie von 7,5 sh werden 250 £ bei Verlust eines Gliedes und eines Auges, oder 3 £ wöchentlich für die Dauer bis zu 26 Wochen bei teilweiser oder gänzlicher Invalidität gewährt. Für Sachschäden lautet der Tarif für je 100 £ bei Beschädigung von Privathäusern und dessen Inventar 1 sh 6 d pro Jahr; für Geschäftsgebäude für je 100 £ 2 sh 6 d; für Geschäftsinventar und Material für je 100 £ 4 sh 6 d und für ländlichen Besitz für je 100 £ 2 sh 6 d. Der Grundgedanke ist selbstredend der, daß die Körperverletzung, der Tod und der Sachschaden lediglich durch Luftwaffen, ganz gleich ob durch feindliche oder andere, verursacht worden ist.

Während sich die Regierung mit der Lösung der Frage befaßte, beutete die Londoner Tagespresse die Frage zu marktschreierischen Reklamezwecken aus. Ja, sie ging so weit, daß einige Verlage die Luftfahrschaden-Versicherung auf eigene Rechnung nach Art der Abonnentenversicherung einführten. In nachstehender Hetzannonce bot die „Daily Mail", die zur Hauptsache nur vom kleinen Londoner Publikum gelesen wird, ihre „Zeppelin-Versicherung" im Oktober 1915, wie folgt, an:

10 000 £ für Abonnenten. Das kulanteste Angebot aller Zeiten! Wir zahlen: 200 £ für jede getötete erwachsene Person. 25 £ für jedes getötete Kind eines Abonnenten (unter 21 Jahren). 200 £ für den Verlust zweier Gliedmaßen oder beider Augen oder eines Auges und eines Gliedes einer erwachsenen Person. 100 £ für den Verlust eines Auges oder eines Gliedes einer erwachsenen Person. 2 £ pro Woche für zeitweilige gänzliche Arbeitsunfähigkeit einer erwachsenen Person bis zur Höchstdauer von 15 Wochen. Bis zu 300 £ Schadenersatz für beschädigtes Eigentum unserer Abonnenten, gleichviel, ob der Schaden durch Luftangriffe, Bombardement von der See aus oder durch Ballonabwehrgeschütze verursacht ist. Abonniert auf die „Daily Mail" und ihr seid versichert! Schützt euch noch heute!!

Dies ist das neueste Inserat der „Daily Mail", das sie nicht nur in den eigenen Spalten und in den Spalten der Northcliffe-Blätter, sondern auch in den Konkurrenzzeitungen veröffentlichte, um auf diesem geschmackvollen Wege ihnen die Leser abzutreiben! Spürt man nicht in jeder Zeile dieser Anzeige die tiefe sittliche Empörung über die ruchlosen Zeppelinangriffe und jenen bebenden Schmerz — dem alles zum Geschäft wird?

Nach unkontrollierbaren Nachrichten soll die „Daily Mail" bis 27. August 1915 316 Fälle auf Schadenersatz aus Zeppelinschäden ausbezahlt haben [1]).

Mitte Juni 1915 besprach die „Morning Post" die Frage der Kriegsversicherungen bei Luftangriffen. Die Versicherungsgesellschaften, führte sie aus, gingen sehr vorsichtig vor und verlangten so hohe Prämien, daß die Interessenten sie zurückwiesen. Daher würden diese Geschäfte fast ausschließlich von Lloyds gemacht, welche weniger vorsichtig in der Uebernahme ungewöhnlicher Risiken seien. Lloyds müsse ein Riesengeschäft (!!?) gemacht haben, besonders seit Beginn der Zeppelinangriffe. Die Prämiensätze, an sich schon hoch, stiegen weiter, und der Zwang der oben erwähnten Umstände beschleunigte ein weiteres Steigen. In manchen Kreisen wolle man, daß die Regierung eingreife, um ein weiteres Steigen zu vermeiden. Im allgemeinen war die „Morning Post" nicht für staatliche Einmischung in Privatgeschäfte. Sie betonte seinerzeit die Unklugheit der Regierung, Entschädigung für den Privatleuten durch Luftangriffe zugefügten Schaden zu gewähren. Dazu würde der Feind geradezu ermutigt, Privateigentum zu vernichten, da er auf diese Weise im Grunde den Staat treffe.

1) Köln. Zeitung 1915, 30. August.

Das Zusammenarbeiten der Regierung mit Versicherungsgesellschaften für Seekriegsversicherung habe gute Ergebnisse gezeitigt und dem Staate in den ersten 3 Monaten einen Verdienst von über $^1/_2$ Mill. £ zugeführt.

Einen weiteren gegen die Luftfahrschaden-Versicherung gerichteten Hetzartikel veröffentlichten die „Times" am 20. Oktober 1915. Darin wird die Versicherung gegen Bombengefahr geradezu als „Glücksspiel" bezeichnet. Der Vorsitzende der Versicherungsvereinigung der Stadt London, Mr. Robert M' Connel, der selbst bei einer großen Versicherungsgesellschaft beteiligt ist, setzte den spekulativen(!) Charakter des Versicherungsgeschäfts gegen Luftschiffgefahr auseinander und erklärte, warum die großen Feuerversicherungsgesellschaften es abgelehnt hätten, Versicherungen aufzunehmen; diejenigen Persönlichkeiten, die derartige Versicherungen übernommen hätten, behaupteten zwar, daß eine Berechnung des Risikos nach den Erfahrungen der letzten Monate möglich sei, eine Behauptung, die jedoch lediglich den spekulativen Zwecken solcher Unternehmer diene.

Die „Times" knüpfen an diese Bemerkungen den Vorschlag, daß die Regierung die Versicherung für das Zeppelin-Risiko vollständig übernehmen müsse. Daß der Andrang zu den Versicherungen ganz enorm sei, zeige eine weitere Notiz der „Times" vom 19. Oktober 1915, die von den Zögerungen auf dem Gebiet der Marineversicherungen" handelt und die Ueberlastung der Büros mit dem Mangel an Arbeitskräften einerseits und dem „enormen Anschwellen der Arbeit" erklärt, das „die Folge der Versicherung gegen feindliche Luftschiffe sei".

Der oben genannte Mr. M' Connel soll nach den „Times" am Schlusse seiner Rede die Frage der Schadensersatzansprüche und ihrer Behandlung in den größten Kriegen der letzten hundert Jahre berührt haben. „Das Beweismaterial", so schreibt die Zeitung, „weist darauf hin, daß die Abwicklung der Entschädigungen auf seiten des erfolgreichen Landes, welches solche Entschädigungen erhält, relativ einfach und zufriedenstellend ist, während die Entschädigungsfrage für die Privateigentümer in dem geschlagenen Lande immer schwieriger und natürlich weniger befriedigend gewesen ist.“ Wenn diese Bemerkung dazu dienen soll, das englische Volk über die mangelhafte Erledigung seiner Schadenersatzansprüche seitens der englischen Regierung „aufzuklären“, so liegt hierin ein Eingeständnis, auf welches die erfolgreichen Führer unserer Marineluftschiffe stolz sein können.

Ueber die Wirkung der deutschen Luftangriffe veröffentlichte unterm 29. August 1915 die britische Admiralität einen Bericht, wonach ihr das Ministerium des Innern mitgeteilt habe, daß in den 12 Monaten August 1914 bis Juli 1915 71 Erwachsene und 18 Kinder[1]) getötet, 189 Erwachsene und 31 Kinder verwundet worden seien. Man dürfe sich fragen, welch militärischer Vorteil auf Kosten soviel Blutes erreicht worden sei. Die Antwort sei leicht: kein einziger Soldat oder Matrose sei getötet, 7 seien verwundet worden. Nur bei einer Gelegenheit sei Schaden entstanden, den man mit einigem guten Willen einigermaßen, wenn auch nur in geringem Umfange, als militärischer Art bezeichnen könne. Die übrigen Angriffe hätten gar keine militärischen Wirkungen erzielt, weder in moralischer noch in materieller Hinsicht.

Diesem Bericht steht ein anderer, aus englischer Quelle stammender gegenüber, der den militärischen Schaden, durch deutsche Flugzeuge veranlaßt, in weniger rosigen Farben erscheinen läßt. Nach einer Mitteilung, die der Unterstaatssekretär des Krieges, Tennant, im englischen Unterhause machte, wurde Mitte Dezember 1915 geschrieben, haben die Engländer von Juni bis August 1915 an Fliegeroffizieren verloren: tot 14, verwundet 22, gefangen 18; von September bis November 1915: tot 11, verwundet 21, vermißt 10, gefangen 26. Zusammen in 6 Monaten 122 Fliegeroffiziere[2]).

Daß der Zweck der Zeppelinangriffe nur der sein soll, Kinder zu töten, ist nach den häufigen Behauptungen der englischen Admiralität so weltbekannt, daß sie es eigentlich nicht mehr zu

1) Köln. Zeitung 1915, 30. August.
2) Köln. Zeitung v. 20. Dezember 1915, No. 1290.

wiederholen braucht. Bemerkenswert ist, daß allein die „Daily News", die eine Versicherung gegen Zeppelinschäden eingerichtet hat, mitteilt (vgl. oben), sie habe bis zum 27. August 1915 316 Ansprüche auf Entschädigung ausgezahlt.

Ueber die Ergebnisse der deutschen Luftschiffangriffe auf London am 13./14. Oktober 1915 liegen folgende Nachrichten vor[1]. Es wurden erfolgreich beworfen: 1. Die Londoner Hafenanlagen (die sogenannten Docks) und ihre anliegenden Stadtteile. Im einzelnen: In den East India Docks brannte ein großer Schuppen, der zum Teil Munition und anderes Kriegsmaterial enthielt, vollständig nieder. In den London Docks wurden die Kaimauern und Lagerhäuser auf weite Strecken niedergelegt. Mehrere Schiffe wurden getroffen, zum Teil völlig vernichtet. In den Victoria Docks geriet ein großer Baumwollspeicher in Brand und wurde völlig zerstört. Die in der Nähe der Docks gelegenen Straßen, insbesondere die St. George Street und die Leman Street haben schwer gelitten.

2. Die City und das Zeitungsviertel sind mit besonders gutem Erfolge angegriffen worden. Insbesondere wurden mit Bomben belegt: Der mit Geschützen versehene Tower nebst Towerbrücke, die Chancery Lune, die Liverpool Street, die Morgate Street, die Bishopsgate, die Altgate, die Minories. In diesen Straßen sind zahlreiche Häuser zerstört worden, zum Teil ganze Häuserblocks. Im einzelnen: Die South Western Bank brannte bis auf die Grundmauern nieder. Erhebliche Summen an Geld und Wertpapieren sollen vernichtet worden sein. Unter den Trümmern wurde noch tagelang nach Geld und Papieren gesucht. Auch eine Filiale der London Bank wurde eingeäschert. Im Zeitungsviertel wurde das Gebäude der „Morning Post" besonders schwer beschädigt. Der Untergrund- und Eisenbahnbetrieb durch London mußte infolge von Zerstörungen teilweise eingestellt werden.

Vororte: 1. Woolwich. Im Arsenal sind schwere Beschädigungen angerichtet worden. Ein Teil ganz neuer Ma-

---

1) Deutsche Versicherungs-Zeitung 1915 v. 11. November, No. 84.

schinen und Einrichtungen ist vernichtet worden. 2. Enfield. Eine Batterie mit Scheinwerfern, von der die Luftschiffe heftiges Feuer bekommen hatten, wurde mit Bomben belegt und zum Schweigen gebracht. Die Scheinwerfer erloschen zum Teil unmittelbar nach den ersten Bombenwürfen. 3. Hampton. Die Pump- und Kraftstation wurde beworfen. Bei der guten Beobachtungsmöglichkeit wurden gute Treffergebnisse festgestellt. 4. Croydon. Es wurde eine Reihe großer Fabrikanlagen beworfen und mehrere große Brände beobachtet. 5. Kentistown (im Norden Londons). Hier wurde eine besonders starke Scheinwerferbatterie ausgiebig mit Bomben belegt und zahlreiche Treffer beobachtet. Nach einem mitten in der Batterie gelegenen Treffer erlosch sofort eine Reihe von Scheinwerfern. 6. In Westham und Eastham wurden große Fabrik- und Eisenbahnwagen beworfen. Es konnte sehr guter Erfolg festgestellt werden. 7. Ipswich. Es wurde eine Batterie beworfen, deren Feuer nach wenigen Bombenwürfen merklich schwächer wurde.

Die Luftschiffe wurden während des ganzen Angriffs außerordentlich heftig beschossen. Aus allen Teilen Londons hagelte es Schrapnells und Sprenggranaten. Vier Flugzeuge bemühten sich, die Abwehr der Luftschiffe zu unterstützen, mehr als 26 Scheinwerfer traten in Tätigkeit.

Zu der Frage, ob England in der Lage sei, die deutschen Luftfahrzeugangriffe zu erwidern, nimmt ein englischer Flugzeugfachmann, der Herausgeber der Zeitschrift „The Aeroplane", in den „Daily News" Stellung. Dieser schreibt[1]: „In unsern Blättern und auf zahlreichen Versammlungen ist fortwährend von einer Erwiderung der Zeppelinbesuche durch Entsendung großer, mit Bomben bewaffneter Aeroplanflotten die Rede. Unglücklicherweise haben die Leute, die mit solchen Ratschlägen und Forderungen kommen, von Flugzeugen und vom Flugwesen keine blasse Ahnung. Denn, wenn sie etwas davon verstünden, würden sie sich wohl die Mühe sparen. Selbst wenn es den englischen Fliegern möglich

1) Neue Freie Presse 1915 v. 17. November.

wäre, deutsches Gebiet zu erreichen, hätten sie weit Dringenderes, militärisch Wichtigeres zu tun, als das Abenteuer nach Berlin zu wagen. Und selbst wenn wir in England gegenwärtig weit mehr Flieger hätten, als dies in Wirklichkeit der Fall ist, und also nicht sämtliche Maschinen und Führer dringend für rein militärische Dienste gebraucht würden, wäre noch immer das Hindernis vorhanden, daß kein Flugzeug von irgendeinem Punkt der englischen Front aus die deutsche Grenze zu erreichen vermag. In einer Zuschrift wird angeregt, Berlin von der See aus zu bewerfen. Nur hat der Schreiber leider vergessen, seinem Wunsch einen ausführbaren Plan beizugeben. Es erscheint ziemlich zwecklos, von solchen Angriffen auf Deutschland zu sprechen."

Fünfter Teil.

Luftfahrschaden-Statistik.

Ueber die verschiedenartigen Luftfahrschäden besteht bis heute keine zuverlässige, einheitliche und systematisch geordnete Statistik; was bis jetzt über diesen Gegenstand veröffentlicht wurde, besteht nur in wenig zuverlässigen Zahlen, von einer Vollständigkeit gar nicht zu sprechen. Weder die einzelnen Sportzweige noch die Luftfahrzeugindustrie noch staatliche oder Gemeindebehörden traten der Statistik näher.

Die Luftfahrschäden-Versicherung besitzt somit weder zuverlässige noch vollständige statistische Grundlagen zur Berechnung der Risiken. Alles, was in dieser Hinsicht unternommen, sind Versuche, die die späteren Erfahrungen nach verschiedenen Richtungen hin korrigieren und ergänzen werden. Diese Umstände veranlassen jedoch den Verfasser, in der vorliegenden Schrift dem Leser wenigstens dasjenige Material zu bieten, das ihm als beachtenswert erschien.

Im Verlauf der ersten Beratung des Luftverkehrgesetzes bemerkte, wie wir schon oben berichteten, der Referent Direktor im Reichsamt des Innern, Dr. Lewald, über die Haftpflicht unter anderem folgendes: „Ich glaube, daß diejenigen, die eine weitergehende Haftpflicht fordern, die Frage etwas überschätzen. Auf dem größten Flugplatz in Johannisthal, wo im Jahre 1913 an 336 Tagen gepflogen und 327000 km zurückgelegt wurden, sind Unfälle nur in einem Prozentsatz von etwa 0,3 Proz. vorgekommen.

Ueber den Stand der Luftschiffahrt wurde Ende 1913 von fachmännischer Seite berichtet [1]). Danach gehörten dem „Deutschen Luftfahrerverbande" im Jahre 1913 90 Vereine an, als deren größte der Allgemeine Automobilklub mit (23000 Mitgliedern), der Deutsche Luftflottenverein (14500), der Deutsche Touringklub (mit 8000) und der Nordmarkverein für Motorluftfahrt (mit 5000 Mitgliedern) hervorzuheben sind. Der Berliner Verein zählte 1274 Mitglieder, unter denen sich 215 Freiballonführer und 35 Flugzeug- bzw. Luftschiffführer befanden. Von den 6 Ballons des Vereins wurden im Jahre 1913 118 Fahrten gemacht, an denen sich 394 Personen, darunter 32 Damen, beteiligten; in Schmargendorf fanden 54, in Bitterfeld 53 Aufstiege statt. Im ganzen wurden nahezu 26000 km in rund 1027 Stunden zurückgelegt. Die größte Entfernung (790 km) erreichte der Ballon „Hewald" (Führer Dr. Korn), die größte Höhe (8500 m) der Ballon „Berlin".

* * *

Die Todesopfer der Motorflugmaschine 1908 bis 1911 [2]). Gleichzeitig mit dem schönen Erfolge der Verbesserung aller Rekords hat leider die stetig wachsende Zahl der Flieger, wenn auch gleichzeitig die Flugmaschinen selbst sehr verbessert worden sind und die Geschicklichkeit und die Vorsicht der Piloten zugenommen haben, eine ungemein große Vermehrung der tödlichen Unglücksfälle zur Folge gehabt.

Während im Jahre 1908, sozusagen im Geburtsjahr der Fliegerkunst, nur ein einziges Opfer zu beklagen war, haben

1) Jahrbuch des Berliner Vereins für Luftschiffahrt 1914.

2) Neue Freie Presse 1911, 24. Dezember, No. 17006.

1909 3 Menschen und 1910 29 ihr Leben lassen müssen. Für das Jahr 1911 läßt sich eine genaue Statistik der zu Tode Gestürzten mit Sicherheit nicht mehr aufstellen, denn an den entlegensten Punkten von Europa, in China, Nord- und Südamerika, Australien sind Opfer der Luftschiffahrt gefallen. Man kann ihre Zahl im Jahre 1911 auf 90—100 schätzen. In der Periode der Hochsaison des Fliegens, das ist in den Monaten Mai bis Oktober, ereignete sich durchschnittlich jeden zweiten Tag ein Todessturz.

* * *

Statistik der Berliner „Victoria" über Fliegerunfälle in den Jahren 1908—1912. Ueber Fliegerunfälle veröffentlichte die „Victoria" folgende Tabelle [1]):

	Zahl der Flieger	Durchflogene Kilometer	Tödliche Unfälle
1908	5	1 609	1
1909	50	43 000	4
1910	500	965 400	30
1911	1500	3 700 000	77
1912	5800	19 308 000	112

Die Ziffern für 1912 reichen nur bis zum 21. November. Im Verhältnis zu den durchflogenen Kilometern stellt sich die Zahl der tödlichen Unfälle: 1908 ein Unfall auf 1609 km; 1909 ein Unfall auf 11 265 km; 1910 ein Unfall auf 32 180 km; 1911 ein Unfall auf 48 250 km; 1912 ein Unfall auf 172 200 km.

In 1908 wurde von den 5 geprüften Piloten einer getötet; in 1909 von 12 Piloten einer; in 1910 von 17 Piloten einer; in 1911 von 20 Piloten einer; in 1912 von 51 Piloten einer.

Auf die einzelnen Länder verteilen sich die tödlichen Unfälle folgendermaßen: Nordamerika 1 auf 7 Flieger, Rußland 1 auf 17 Flieger, England 1 auf 18 Flieger, Italien 1 auf 20 Flieger, Oesterreich 1 auf 20 Flieger, Belgien 1 auf 25 Flieger, Deutschland 1 auf 28 Flieger, Frankreich 1 auf 41 Flieger.

* * *

1) Monatsblätter für Versicherungswesen 1913.

In einem in Stuttgart am 13. Januar 1914 vor dem „Württembergischen Flugverein" gehaltenen Vortrag erwähnte der Redner Major von Tschudi, daß, während 1911 an 289 Tagen geflogen wurde, 1913 an 336 Tagen, also fast bei jedem Wind und Wetter, Aufstiege stattfanden (1912: 317). Die in der Luft zurückgelegte Kilometerzahl betrug 1911 57 000, 1912 157 000, 1913 327 000. Die diesen Zahlen gegenüberstehenden Beschädigungen oder Zerstörungen von Flugzeugen mit 63, 107 und 115 und der Toten mit 5, 5 und 12 müssen als gering bezeichnet werden, da die Zahl der Opfer 1913 von der Gesamtzahl von 363 Fliegern nur 0,3 Proz. betrage [1]).

* * *

Deutsche Statistik der Todesopfer der Flugmaschine 1908—1912. Die Berliner „Automobil- und Flugwelt" hat sich der mühevollen Aufgabe unterzogen, das ganze Material, das über die mit Verlust von Menschenleben verbundene Flugunfälle der ganzen Welt vorliegt, zusammenzutragen und zu sichten, um Schlüsse und womöglich Lehren daraus ziehen zu können.

Mit Leutnant Selfriede, der am 15. September 1908 als Fluggast Orville Wrights bei Fort Meyers tödlich verunglückte, haben im Laufe der folgenden 5 Jahre bis Jahresschluß 1912 245 Menschen dieses Schicksal geteilt. Hierbei ist von den Unfällen mit Gleitfliegern, wie sie Lilienthal und Pilcher zustießen, ganz abgesehen. Nur ein tödlicher Unfall mit einem Gleitflieger, und zwar der des Professors Montgomery vom 31. Oktober 1911, ist in der Zahl 245 miteingerechnet.

45 Flugkatastrophen ereigneten sich bei Passagierflügen, und zwar kamen in 28 Fällen Pilot und Passagier, in 10 Fällen nur der Fluggast und in 7 Fällen nur der Pilot ums Leben, so daß diese Passagierflugkatastrophen im ganzen 73 Tote forderten.

1908 war es Leutnant Selfriede allein, 1909 kamen Lefevre, Kapt. Ferber und Fernandes hinzu; 1910 waren es bereits 30,

---

1) Staatsanzeiger für Württemberg 1914, 15. Januar.

1911 sogar schon 75 Tote, und im Laufe des Jahres 1912 mußten 136 Menschen in Ausübung des Flugsports ihr Leben lassen.

Die Zahl der Katastrophen stellt sich in den Jahren 1908—1912, wie folgt: 1, 3, 28, 69, 116.

Bei den jährlichen Unfällen ist die Zahl der Passagierflugkatastrophen im entsprechenden Steigen begriffen. Im Jahre 1910 ereigneten sich 10,7 Proz. der Unfälle bei Passagierflügen, 1911 15,9 Proz. und 1912 25,8 Proz. Die Zunahme der Passagierflugkatastrophen dürfte in der Hauptsache auf die ständig größer werdende Verbreitung des Militärflugwesens zurückzuführen sein, bei dem hauptsächlich Flüge mit zweifach besetzten Maschinen ausgeführt werden. Jedenfalls verunglückten bei mehr als der Hälfte der Passagierflugkatastrophen Militärflieger.

Von den 245 tödlich Verunglückten sind 34,3 Proz. als Militärflieger zu rechnen, die teils als Piloten, teils als Passagiere ums Leben kamen, doch muß dazu bemerkt werden, daß dieses Bild im einzelnen nicht genau sein kann, schon deshalb nicht, weil der Begriff Militärflieger sehr weitgehend gehalten ist. Während man, streng genommen, nur jene Personen für diese Berechnung heranziehen darf, die im militärischen Fliegerdienst verunglückt sind, mußten hier, weil die näheren dienstlichen Verhältnisse in den meisten Fällen unbekannt waren, alle mit miltärischen Dienstgraden genannten Personen Berücksichtigung finden, auch solche, die sich aus eigenem Interesse dem Flugwesen zugewandt, sowie solche, die lediglich als Passagiere verunglückten. Am Jahresende 1912, nachdem die Entwicklung des Flugwesens bereits einen besonderen Umfang angenommen, war gegen das Vorjahr eine bedeutende Steigerung zu verzeichnen, da 41,2 Proz. der tödlich Verunglückten des Jahres Militärflieger waren.

Hinsichtlich der benützten Apparate überwiegen im Jahre 1912 zum erstenmal die Eindecker. Dies dürfte auf die immer größer werdende Verbreitung der Eindecker zurückzuführen sein; ein Schluß auf die größere oder geringere Gefährlichkeit einer dieser beiden Typen dürfte aber kaum angebracht sein. Was bei den Eindeckern auffällt, ist die Erscheinung, daß eine große Reihe von Todesstürzen mit wenig bekannten oder solchen Apparaten erfolgte, die kaum in mehr als einem Exemplar existiert haben.

Auf diese auffallend vielen Unfälle mit Neukonstruktionen teilweise ganz unbekannter Konstrukteure ist in der Tagespresse wiederholt hingewiesen worden, und diese Feststellung wurde auch mehrfach als Begründung für die Notwendigkeit der Einführung einer behördlichen Abnahme von Flugzeugen benützt. Bei den Zweideckern dagegen finden wir fast durchwegs bekanntere Typen.

Bei der Gesamtaufrechnung der Unfälle mit Eindeckern (106) und Zweideckern (111) überwiegen die letzteren vorläufig immer noch, doch dürfte sich Ende 1913 hierin bereits eine Veränderung zuungunsten der Eindecker bemerkbar machen.

Betrachtet man die Landesangehörigkeit der Flugopfer, so ergibt sich, daß bereits 21 Länder Namen ihrer Angehörigen in der Totenliste finden. Am stärksten beteiligt ist Frankreich (66), dann folgen Deutschland (43), Amerika (41), England (30), Italien (18), Schweiz (16), Rußland (14), Belgien (5), Spanien (4), Bulgarien, Oesterreich (3), Peru, Rumänien (2), Australien, Brasilien, China, Griechenland, Holland, Japan, Luxemburg, Ungarn (1).

Wie sich die Zahlen in den einzelnen Jahren stellen, ergibt sich aus einer besonderen Zusammenstellung. Diese zeigt Frankreich gegenüber für Deutschland eine ungünstige Erscheinung. Wenn auch mit der Zahl der Toten (66) Frankreich an der Spitze steht, so ist doch in Frankreich die Zahl der Toten französischer Nationalität gegen das Vorjahr nur unbedeutend gestiegen, während sich die Zahl der Deutschen mit 27 gegen das Vorjahr um 15 erhöht.

Für Oesterreich ergibt die Zusammenstellung ein auffallend günstiges Bild. Wenn auch der zivile Flugsport dort bisher wenig Anhänger gefunden hat, so ist doch die österreichische Militäraviatik schon seit langem in lebhafter Entwicklung begriffen. Das Militärflugwesen Oesterreichs kann seiner Bedeutung entsprechend hinter Frankreich, Deutschland und England an vierter Stelle rangieren.

Im allgemeinen hält die Zahl der Toten eines Landes mit der Zahl der Katastrophen einigermaßen Schritt, das heißt, die meisten Toten sind innerhalb ihres Heimatlandes verunglückt. Während aber die Zusammenstellung angibt, daß z. B. Deutschland bereits 43 Tote zu beklagen hat, zeigt sich andererseits, daß sich nur 38 Katastrophen innerhalb des Landes ereigneten. Aus dieser zahlenmäßigen Differenz müßte man entnehmen, daß entweder zahlreiche Deutsche im Auslande verunglückten, oder aber hier viele Passagierflüge einen tragischen Ausgang nahmen. Die letztere Annahme findet man denn auch in der Zusammenstellung der Passagierflugunfälle bestätigt. Nicht weniger als 11 derartige Katastrophen ereigneten sich allein in Deutschland, und zwar ereigneten sich diese in den beiden Jahren 1911 und 1912. Frankreich rangiert in dieser Hinsicht mit 10 derartigen Unfällen hinter Deutschland.

In bezug auf die Zahl der verunglückten Passagiere steht Deutschland mit 9 vor Frankreich (6) und England (6).

Es sind nun die verschiedensten Versuche gemacht, die bisherigen Unfälle statistisch zu verwerten. Solange kein offizielles Material vorliegt, wird das kaum möglich sein.

Dessenungeachtet hat man verschiedene Wege hierzu eingeschlagen, um zum Ziele zu gelangen. Man hat die Flugunfälle mit den Flugleistungen, d. h. mit den Flugkilometern verglichen. Auf Grund dieses Vorgehens veröffentlicht eine Korrespondenz folgendes Ergebnis: 1912 kommt auf je 171000 km nur ein einziger Todessturz. Im Jahre 1908 war das Verhältnis noch bedeutend ungünstiger, da auf etwa 1600 km ein Todesopfer kam. 1909 besserte sich das Verhältnis bereits erheblich; es kam auf 11000 km ein Todessturz, 1910 auf 32000 km und 1911 auf 48000 km ein tödlicher Unfall. Angenommen ist dabei, daß 1908 etwa 1600, 1909 50000, 1910 100000, 1911 3700000 und 1912 90000000 Flugkilometer zurückgelegt worden sind, was bei dem lebhaften Flugbetriebe in allen Ländern wohl nicht allzu hoch gegriffen scheint. Aber bei einem noch ungünstigeren Verhältnis zwischen der Zahl der tödlichen Unfälle der Aviatik und der Zahl der Flugkilometer würde die Flugmaschine noch als sicherstes Verkehrsmittel angesehen werden müssen. Daß die Zahl der Todesstürze erheblich abgenommen hat, geht auch aus der Zahl der tödlich verunglückten Aviatiker und der Zahl der ausgebildeten Flieger hervor. Das Verhältnis war im Jahre 1908 5 : 1, 1909 12 : 1, 1910 17 : 1, 1911 20 : 1 und 1912 51 : 1.

Auch erscheint es falsch, die Zahl der Toten der Zahl offiziell diplomierter Piloten des betreffenden Landes gegenüberzustellen. Die Zahl der offiziellen Piloten ist allerdings eine positiv vorhandene und bekannte Zahl. Dieses Verfahren kann aber schon deshalb kein richtiges Ergebnis liefern, weil nur ein gewisser Teil der Verunglückten sich im Besitz des Pilotenzeugnisses befand, und weil ein anderer Teil lediglich als Passagier ums Leben kam. Auch ist es nicht selten, daß dieser oder jener Pilot sein Zeugnis im Ausland erworben und in der Pilotenliste seiner Heimat nicht verzeichnet ist.

Man dürfte also für eine vergleichsweise Berechnung nur die Toten heranziehen, die sich im Besitze des Zeugnisses befanden, und feststellen, in welcher Pilotenliste sie verzeichnet sind, und dann die Zahl der in dem betreffenden Lande tatsächlich diplomierten Führer zugrunde legen. Auch hier sind kleine Irrtümer immer noch unvermeidlich, auch kann eine Statistik, wie gesagt, nur für einen Teil der tödlich Verunglückten, daß heißt jener, die sich im Besitze des Pilotenzeugnisses befanden, aufgestellt werden. Aber dieses gibt trotzdem vielleicht ein bedeutend klareres und zuverlässigeres Bild der Situation.

Was die mutmaßliche Ursache der tödlich verlaufenen Flugunfälle betrifft, so ergibt sich dafür folgende Annahme:

Fehler in der Führung	28 mal
ungünstige Windverhältnisse	25 „
Flügelbruch	20 „
Verwegenheit, Unvorsichtigkeit	15 „
Abrutschen in der Kurve	12 „
Ertrinken	10 „
Steuerungsdefekt	9 „
ungünstige Bodenbeschaffenheit bei Landung oder Aufstieg	3 „
Zusammenstoß mit Flugplatzpfosten, Telegraphen- oder Hochspannungsdrähten	8 „
Beeinträchtigung des Gesichtsfeldes durch Nebel oder Sonne	7 „

Motorstörung	6 mal
Reißen von Spanndrähten	6 „
Propellerdefekt	5 „
Verhalten der Zuschauer	3 „
Brand	3 „
unsorgfältige Montage	3 „
Zusammenstoß mit einem anderen Flugzeug	2 „
Strebenbruch	1 „

Ursache nicht feststellbar: in 45 Fällen.

* * *

Fliegerunfälle 1908—1912 in französischer Beleuchtung. Roget Depagvitt gab Ende 1913 ein Werk heraus, auf Grund dessen sich ein Vergleich über das Verhältnis der tödlichen Unglücksfälle in der Flugkunst zu der Gesamtzahl der Flieger und der mit Flugzeugen zurückgelegten Entfernungen anstellen läßt. Eine genauere statistische Betrachtung zeigt, daß trotz der Zunahme der absoluten Todesziffern die Zahl der Unfälle zu den zurückgelegten Kilometern zurückgegangen ist; mit anderen Worten, daß die Flugkunst in Richtung betreffs Sicherheit und Verminderung der Gefahr Fortschritte zu verzeichnen hat. Von dieser Entwicklung gibt die nachstehende Tabelle (vgl. vorstehende „Victoria"-Tabelle) ein genaues Bild:

Jahr	Flieger	Zurückgelegte Kilometer	Tödliche Unglücksfälle
1908	5	1 600	1
1909	50	44 000	3
1910	500	960 000	29
1911	1500	3 700 000	78
1912	5800	20 000 000	140

Es entfällt somit je ein tödlicher Unglücksfall: im Jahre 1908 auf 1600 im Fluge zurückgelegte Kilometer, 1909 auf 15 000 km, 1910 auf 33 000 km, 1911 auf 47 000 km und 1912 entfällt je ein tödlicher Unglücksfall auf 140 000 km. Auch wenn das Jahr 1908 als ein Jahr der ersten Versuche beiseite zu lassen ist, ergibt sich, daß von 1909—1912 sich die Sicherheit des Fluges nahezu verzehnfacht hat; und dabei wird man berücksichtigen müssen, daß die Kühnheit und die Verwegenheit der Flieger sich in immer wachsendem Maße Elementargewalten aussetzte, die in den ersten Jahren vermieden werden mußten. Man hat Hochgebirge überflogen, hat Winden getrotzt, bei denen man früher den Aufstieg überhaupt unterlassen hätte. Noch 1909 betrug die Entfernung, auf die durchschnittlich ein Todesfall entfiel, etwa ein Viertel des Erdumfanges, 1911 ist die Entfernung bereits auf den Erdumfang gewachsen, und 1912 erreichte sie den dreifachen Erdumfang.

Nicht weniger günstig liegen die Verhältnisse in der Militärflugkunst, obgleich hier infolge der Geheimhaltung der Fliegeranzahl und der zurückgelegten Entfernungen genaue Ziffern nicht anzugeben sind. In Frankreich ist trotz der gewaltigen Zunahme und Vergrößerung der Militärflugkunst die Zahl der Opfer im Vergleich mit dem Vorjahre nur von 11 Opfern auf 16 im Jahre 1912 gestiegen. Nach dem „Temps" sollte das deutsche Militärflugwesen in 1912 16 Opfer gekostet haben.

Frommannsche Buchdruckerei (Hermann Pohle) in Jena — 4550.

Kolibri 360 GmbH
Ferdinand-Jühlke-Straße 7
99095 Erfurt, Deutschland
produktsicherheit@kolibri360.de